바가트 싱

인도 독립의 불꽃
바가트 싱

P.M.S. 그레왈 지음 | **정호영** 옮김

한스컨텐츠

일러두기

***

1. 인명, 지명, 작품명 등의 표기는 국립국어원의 '외래어표기법'을 따르는 것을 원칙으로
    하고, 백과사전들을 참고해 보완했다.
2. 보충자료와 부록, 이미지들은 원서에는 없고 옮긴이가 삽입한 것이다.
3. 본문 하단의 각주는 옮긴이가 독자의 이해를 돕기 위해 삽입한 것이다.
4. 옮긴이가 처음 바가트 싱에 대한 책을 읽었을 때 느낀 감상으로 만든 노래가 있다.
    다음 '인도방랑기' 카페의 여행자료 게시판에 옮긴이의 이름으로 검색하면 찾을 수
    있을 것이다.

자이팔 싱_{Jaipal Singh}[*] 소령을 기억하며

– 영국 식민지군대의 반역자, 애국자, 게릴라 투사
그리고 걸출한 공산주의 혁명가

| 목 차 |

옮긴이 서문 ··· 10

서문 ··· 36

1장

칼을 갈다

역사적 환경과 초창기

혁명적 테러리즘의 성장 ···················· 47

제1차 세계대전과 국민회의 ·············· 48

펀자브의 투쟁 전통 ···························· 50

반란의 울림 ·· 56

잘리안왈라 대학살(암리차르 학살사건) ··· 60

아칼리들와 바바르들 ·························· 61

10월혁명과 그 영향 ···························· 63

인도에서의 붉은 깃발 ························ 64

새로운 이상을 향하여 ························ 67

비협력운동, 국민회의, 타협 ·············· 69

부르주아 민족주의의 한계 ················ 72

2장

아나키즘과
아나키즘을 넘어서

귀 먹은 이를 듣게 하라

인도공화주의자협회와 카코리 ·········· 79

인도청년협회(NBS) ···························· 83

인도사회주의공화국협회(HSRA) ······· 87

귀 먹은 이를 듣게 하려면 ·················· 90

미루트 공모사건 ································ 95

뚜렷해진 혁명 ···································· 97

사회주의공화국협회 선언과 '폭탄의 철학' · 99

아나키즘과 개인 테러 ······················ 105

혁명적 무장투쟁과 폭력 ···················· 111

3장

마르크스주의를
향하여

단두대의 그림자 아래서

법정과 감옥에서의 동지들 ················ 119

보충자료 자틴 다스의 단식 ············ 124

이념적 투쟁 ·· 128

코뮤날리즘과 종교에 반대하다 ·········· 131

보충자료 1 코뮤날리즘을 한솥밥으로 먹어 없애다 · 136

보충자료 2 시크교도의 바가트 싱 이용 · 137

카스트의 족쇄를 부수고 ···················· 141

마지막 유서 ···································· 142
혁명의 선봉 ···································· 146
다른 저술들 ···································· 148
순교를 향하여 ································· 150
학생들에게 보내는 메시지 ················ 152
삶의 기쁨을 위하여 ························· 153
무한한 용기 ···································· 156
동지애, 겸양 그리고 자기비판 ··········· 158
동지들이 가졌던 인상 ······················ 160
간디, 국민회의, 혁명가들 ················· 163
보충자료 1 사형 집행을 앞당길 것을 요구한 간디 ···· 167
보충자료 2 '진실'로 간디를 이긴 영국 총독 ·········· 171
혁명 만세 ······································· 173

4장

비판적 평가
사상의 깊이와 실천의 한계

부르주아들의 잘못된 해석 ················· 179
비판적 찬양에 대한 위험 ··················· 181
단점들 ··· 183
비역사적 과장 ································· 185
행동 지침 ······································· 187
결론 ·· 190
보충자료 바가트 싱에 관한 상업영화 ·········· 196

부록

붉은 팸플릿-귀 먹은 자를 듣게 하라 ············· 199

감사의 말

이 기록은 바가트 싱에게 보내는 조사弔詞로서 작은 시도이다. 인도의 가장 뛰어난 혁명가 중 한 명인 그의 탄생일을 축하한다. 인도 민족해방 투쟁에서 이 특별한 영웅의 면모에 경의를 표하는 것 이외에, 그가 그 시대에 어떠한 위치에 있었는지 살피고 그의 유산과 오늘날의 연관성을 이해하고자 한다. 이 책은 이미 발간된—주석에 명기된—자료들에 근거하고 있다. 이번 기회는 내게 무척 감동적인 경험이었다. 이 기록이 독자들에게 유사한 영감을 불러일으키는 데 도움이 되었으면 한다.

1

바가트 싱. 그의 이름을 모르는 인도인은 없으며 인도인 모두가 그를 사랑한다. 그에 대해 자부심을 가지지 않은 인도인은 없다.

바가트 싱은 1907년 9월 27일 지금은 파키스탄 땅이 된 라호르에서 시크교도로 태어나 23세의 나이로 조국 인도의 완전한 독립을 위해 불꽃의 삶을 산 혁명가이다. 독자들은 이 책을 통해 인도를 침탈한 제국주의 영국, 당시 자유의 나라로 알려진 미국, 19세기 차르에 대한 암살 시도와 20세기 초 러시아혁명으로 인도의 독립운동에 직접적인 영향을 준 러시아, 독립 후 파키스탄이 된 신드Sind와 방글라데시가 된 이스트벵골을 누비던 인도 혁명가들의 삶을 들여다 볼 수 있을 것이다.

당시 혁명가들은 다민족·다언어 국가인 인도의 독립과 국제적 혁명과의 협력을 위해 서너 가지 언어를 구사했는데 바가트 싱 또한 네 개 언어(펀자브어, 힌디어, 우르두어, 영어)를 구사하였다. 그는 재판정에서 영어를 사용하여 조국 인도의 독립을 위해 싸웠고, 옥중에서는 마르크스의 자본론과 버트란드 러셀, 휘트먼 등을 읽으며 지속적으로 자신의 사상을 벼려 갔던 지식인이었다. 그는 테러리스트로 출발하여 마르크스주의자로 진화하였다. 체 게바라는 볼리비아 산속에서 자본론을 배낭에 넣었고 게릴라 투쟁 중에도 동지들과 함께 자본론을 학습했다. 인도 젊은이들의 마음속에 체 게바라와 똑같은 위치를 점하고 있는 바가트 싱도 죽음을 앞둔 옥중에서 자본론을 읽었다.

독립운동가의 집안에서 태어나 어린 나이부터 독립 투쟁에 합류한 그는 학습과 실천을 통해 간디의 비협력운동을 시작으로 무정부주의자를 거쳐 마르크스주의자로 변해갔다. 싱은 이 과정에서 남자는 터번을 벗지 않고 턱수염을 깎지 않는다는 시크교도의 교리를 어기면서 세속주의를 몸소 보여주고자 하였다. 그는 종교적 영성에 바탕을 두고 '어머니 인도'를 기반으로 해방 투쟁을 하던 간디나 앞 세대 혁명가들과 선을 그어버렸다. 그는 다음과 같이 이들을 비판하면서 자신을 재정립했다.

어느 정도의 신비주의는 시적이다. 그러나 나는 내 운명과 맞서기 위해서 어떠한 도취도 원하지 않는다. 나는 리얼리스트다. 나는 이성의 도움으로 내 속에 있는 본능과 맞서 왔다.

종교적 신비주의 대신 리얼리스트인 그가 택한 것은 '비판과 독립적인 사고'였다.

비판과 독립적인 사고는 혁명가가 갖추어야 할 뗼 수 없는 두 가지 덕목이다. 혁명가는 최후까지 머리를 꼿꼿이 들고 있어야 한다. 비록 교수대 위에서라도…….

바가트 싱은 '인도의 안중근'이라고 할 수 있다. 안중근과의 공통점은 둘 다 뜨거운 조국애를 가졌다는 것, 그리고 최후까지 당당했다는 것이다. 차이점이라면 바가트 싱은 대중 선동가로서 대중을 광범위하게 각성시켜 나갔다는 데 있다.

바가트 싱은 23년이라는 짧은 생애에서 두 번의 역사적인 족적을 남긴다. 한 번은 테러리스트로서, 또 한 번은 대중 활동가로서이다. 1928년 10월 17일 바가트 싱과 그의 동료들은 경찰에게 살해된 노독립운동가 랄라 라지파트 라이Lala Lajpat Rai의 민족적 복수를 위해 경찰서장인 스코트에 대한 테러를 시도했다. 그러나 그 과정에서 부서장인 사운더스J. P. Saunders를 스코트로 착각하여 살해했고, 경찰 한 명도 총에 맞아 죽었다. 이때의 바가트 싱은 테러리스트였다.

바가트 싱의 전설은 법정에서 대중 선동가로 활동하면서부터 시작되었다. 20세기 초까지 인도의 혁명가들은 19세기 러시아의 혁명가들처럼 테러를 혁명의 수단으로 생각했다. 그러나 바가트 싱은 곧 한계를 느꼈다. 1929년 4월 8일 그는 영국의 잇따른 악법 제정에 항의하기 위해 의회에 가짜 폭탄을 터뜨리고 유인물인 '귀먹은 자를 듣게 하라'를 뿌리면서 고의로 체포되었다. 재판정을 대중 선동의 장으로 만든 이 사건으로 그는 인도 민중들의 가슴에 불을 붙였다. 대중 활동가로서 그에 대한 국민회의the Congress와 영국 정부의 역사적 기록은 다음과 같다.

그때 바가트 싱의 이름이 인도 전역에 간디만큼 알려진 것은 절대 과장이 아니다.

— 국민회의 공식 역사서술가 파타비 시타라마야Pattabhi Sitaramayya

그는 인도 정치인 중 가장 선두에 있는 간디의 명성을 누를 것 같았다.

— 영국 정부 공식보고서[1]

저명한 역사학자인 이르판 하비브s. Irfan Habib는 간디의 시민불복종운동과 바가트 싱에 대해 다음과 같이 평가한다.

1930년부터 1932년 사이에 간디가 지도했던 시민불복종운동을 통해 이룬 성과의 근거는 대규모 체포에서 찾을 수 있다. 공은 1928년부터 1930년까지 대담한 행동으로 민중들 속에 있는 위대한 정치의식을 일깨웠던 인도사회주의공화국협회Hindustan Socialist Republican Association, HSRA 회원들의 영웅적인 희생에 돌아가야 한다. 그 공이 희생을 최소화하려고 계획한 국민회의에게 돌아갈 수는 없다.

바가트 싱과 동지들의 순교 이후 인도의 민족해방운동사에서 일어

어머니 인도(Bharat Mata)
아빈드라나스 타고르(Abanindranath Tagore)의
1905년 수채화. 그는 인도 시인 라빈드라 타고
르의 조카이다. 이 그림은 인도 초기 독립운동
의 상징이었으나 바가트 싱의 등장 이후 독립운
동의 구호는 '어머니 인도'에서 '혁명 만세'로 바
뀌게 되었다.

난 세 가지 굵직한 변화는 다음과 같다. 첫 번째는 영국에 타협적이었
던 간디와 노인 정치가들이 지도하는 국민회의의 노선을 벗어나려는
급진적인 젊은 세대의 등장이었다. 두 번째는 이와 맞물려 민족해방운
동이 종교적인 분위기에서 세속적인 분위기로 옮겨 간 것이다. 이는 단
적으로 투쟁의 구호가 '내 어머니 조국에게 경의를(Vande Mataram)'에서
'혁명 만세(Inquilab Zindabad)'로 변한 것에서 알 수 있다.

세 번째는 민족해방운동사의 실질적인 전개이다. 독립 투쟁의 목표
가 1차 세계대전에 인도 젊은이들을 총알받이로 보내 영국에게 협력을

바가트 싱

얻어내려고 했던 (인도의 불평등한 자티시스템*이 그대로 유지되는) '영국의 자치령'에서 (민중들이 자유, 평등, 평화를 누리는) 인도의 '완전한 독립'으로 바뀐 것이다. 이는 단지 구호상의 문제가 아니었다. 1차 시민불복종운동을 철회하면서 지주의 이익을 옹호하는 결의를 관철시켰던 간디조차도 농민에게 토지가 필요하다는 주장에 어느 정도 동의하게 된 것이다. 간디는 '마을'의 정점을 이루는 지주제도가 존재하는 것이 이상적이라고 생각했다. 그런 그가 대중운동에 떠밀려 어느 정도 양보해야 한다는 것을 깨닫게 되기는 했지만 이것은 어디까지나 한계를 가지고 있었다. 간디와 그의 후계자인 비노바 바베는 평생에 걸쳐 토지개혁을 반대했다.[2] 농민들에게 토지개혁을 약속하는 마오주의자들이 간디의 동상을 부수었다는 언론 보도가 꾸준히 나오는 데는 다 이유가 있다.

간디를 비판하는 인도인들은 많아도 바가트 싱을 비판하는 이는 아무도 없다. 바가트 싱과 동료들을 서둘러 처형시키려고 했던 간디주의자들도 간디 사후에는 바가트 싱을 찬양하고, 심지어 바가트 싱이 그토록 혐오하던 코뮤날리즘 세력도 그를 찬양한다.

인도의 독립은 '비폭력의 성자' 간디의 지도력 때문이 아니라 바가트 싱 같은 혁명가들과 고통 받던 절대 다수의 대중들이 폭력에 맞서 숱하게 투쟁한 결과이기도 하다. 이 책과 《마하트마 간디 불편한 진실》를 통해 간디가 처음부터 '완전한 독립'을 주장하지는 않았다는 것을 알았

---

* '자티'는 '태어나면서부터 신으로부터 받은 직업'이다. 지주로 태어나면 지주로서 권한을 누려야 하고 인간의 배설물을 치우는 불가촉천민은 평생 배설물을 치워야 하는 게 간디가 생각했던 평화로운 마을이었다.

으면 한다. 그는 바가트 싱이 살아있던 시절에는 '자치령'을 원했다.

바가트 싱과 그 동지들이 목숨 바쳐 원했던 독립국가 인도는 종교 분쟁도 카스트도 계급도 없는 평등한 사회였다. 힌두 우익인 간디가 전 생애에 걸쳐 꿈꾸던 카스트가 견고하게 다시 뿌린 내린 사회나 영국의 방해 없이 종교의 이름으로 인간이 인간을 착취하는 것이 너무나 당연한 촌락공동체가 아니었다. 간디는 최후의 순간에 코뮤날리즘 폭동 없는 인도를 만들기 위해 초개같이 목숨을 버린 위대한 정치 지도자로 생을 마감하여 지난날 코뮤날리즘을 조장한 죄에서 벗어날 수 있었다. 그러나 추종자를 자처하는 이들은 간디의 이름으로 인도를 계속 불평등한 사회로 만들어 왔다. 그 때문에 간디에 대한 평가는 인도 내부에서도 계속 엇갈리고 있는 것이다.

그러나 제국주의에서 벗어나 만인이 평등한 인도의 자유를 외쳤던 바가트 싱은 지금 누구도 비난할 수 없다. 인도에서 평등은 여전히 해결되지 못한 문제이다. 시크교도의 상징인 터번을 벗어버리고 법정에 섰을 정도로 그는 자신이 어느 코뮤니티에도 속하지 않았음을 보여주었다.

"영국에게 협력하기 위해서 바가트 싱이 서둘러 처형되기를 원했던 간디는 역사적 심판을 받아야 한다!"라고 외치던 커다란 목소리들은 그때도 있었고 지금도 있다. 이 목소리들은 어디서부터 나왔는가? 이를 모르고서는 '간디와 IT산업' 뒤에 계속 가려져왔던 인도 절대다수의 빈곤과 불평등을 볼 수 없다. 바가트 싱이 생을 불태운 독립 인도에 대한 이상은 현재까지도 거의 실현되지 않았다. 이제라도 인도를 부패의

천국과 양극화의 지옥으로 몰고 온 국민회의 중심의 역사에서 벗어나 인도의 진짜 모습을 알 수 있어야 한다.

2

간디의 비폭력만이 인도를 독립시켰다고 주장하는 것은 우리나라의 독립운동에 대해서 안중근이나 윤봉길, 김구 같은 항일독립군들은 독립을 방해하는 폭도들이었고 오직 이승만 대통령이 해방을 가져다주었다고 믿는 것과 같다고 보면 된다. 독립 이후 인도 지배계급의 정당으로 변모했던 국민회의는 왜 독립운동사 서술에서 간디 이외에 목숨을 바쳤던 이들의 역사를 지우거나 왜곡했을까?

물론 간디는 위대한 인물이다. 그는 영국의 침입 이전에 500개로 흩어져 있던 현재의 파키스탄, 인도, 방글라데시의 인도인들을 '하나'로 묶어낼 수 있는 유일한 인물이었고, 독립 이후에는 집권 정당의 달콤한 권력에 취해 있던 동료들과 선을 그었던 이상주의자였다. 그러나 인도는 간디의 비폭력운동에 의해 독립한 것이 아니다. 간디는 독립 이후 권력을 이양 받고 정부의 부패와 타락을 보면서 자신이 설파했던 원칙이 승리한 것이 아니라 패배했다는 것을 인정한 유일한 '간디주의자'였다. 영국이 물러난 후 간디가 자신의 비폭력운동에 대해서 내린 평가는 정확하고 냉정했다.

지난 30년 동안 우리가 실천해온 것은 비폭력 저항이 아니었고 비폭력 저항을 할 수도, 하려는 의지도 없기에 무장투쟁을 하겠다고 나선 연약한 사람들이 내세운 수동적인 저항이었습니다.[3]

간디의 죽음으로 가장 이득을 본 것은 국민회의이다. 힌두 코뮤날리즘 세력들이 간디를 암살함으로써 국민회의는 가장 큰 정치적 숙적이자 인도-파키스탄 분열의 주역이었던 이들을 법적으로 금지시킬 수 있는 명분을 얻었고 유일한 정치세력으로 자리 잡았다. 국민회의는 영국으로부터 권력을 이양 받은 후 간디를 정치적으로 고립시키고 그의 이미지만을 이용하기 시작했다.

인도의 독립운동사는 간디의 비폭력만이 이끌어온 역사가 아니라 우리나라의 독립운동사와 마찬가지로 피로 얼룩진 역사라는 것을 알 수 있을 것이다. 식민지에서 민족해방을 위해 죽어간 이들이 피에 굶주린 이들이겠는가? 피를 흘리면서 죽어가고 싶은 이들은 없었을 것이다. 간디는 위대한 인물이며 그가 인도 민족해방에 끼친 영향은 대단하다. 그러나 '간디의 비폭력운동이 인도를 독립시켰다'는 신화를 배포하는 국민회의 중심의 역사 서술은 피를 흘리고 죽어간 수많은 이들의 역사를 매장해버리는 문제가 있다. 간디가 지도하는 국민회의가 인도를 독립시켰다는 이야기는 주인이 재주를 부려서 돈을 벌었고 곰은 그냥 있었다는 이야기이다.[4]

기록을 살펴보면 영국 스스로도 인도의 무장봉기 때문에 인도를 포

바가트 싱

기했음을 밝히고 있다.

영국은 600만 명의 말레이에는 조금도 망설이지 않고 군대를 파병했고 민중의 자유운동을 패배시키기 위해서 잔혹한 전쟁을 수행했다. 그러나 4억 명의 인도에서는 대중 반란이 무장투쟁으로 발전하자 군대를 철수하고 국민운동의 상층부와 타협하여 최선의 성과를 얻는 것 외에는 다른 대안이 없었다. 이와 같이 마운트바턴 Mountbattern(인도의 마지막 총독)의 책임자였던 이스메이 경Lord Ismay은 철수의 필요성에 대해 다음과 같이 판단을 내렸다. '1947년 3월의 인도는 바다 한가운데 폭약과 함께 있는 배와 같았다. 폭약에 닿기 전에 불을 끄느냐의 문제였다. 사실상 우리에게는 우리가 한 일(인도의 독립—인용자) 외에는 다른 선택이 없었다.'[5]

우리는 영국이 인도를 '자발적으로' 떠난 이유가 1930년 간디가 이끈 소금 행진과 1942년 국민회의가 '인도를 떠나라(Quit India)'라고 영국에 완전 독립의 의지를 선언한 Quit India 운동 등의 비폭력운동 때문이라고 알고 있다. 그러나 Quit India 운동의 역사적 사실은 알려진 바와 다르다.

8월 7일 국민회의가 결의안(Quit India—인용자)을 통과시키자 국민회의 운영위원회의 모든 위원들은 푸나에 구금되었다. 이어서 국민회의 좌파 요원들에 의해서 짧지만 격렬한 폭동이 일어났다. 비하르와 연합 주의 통신이 두절되었다. 그해 말까지 약 천만 명이 목숨을 잃었고, 6만 명이 체포되었으며, 백만 파운드 정도의 재산 피해가 생겼다. 정부는 이 사태를 국민회의의 반란이라고 불렀고, 국민회의는 그 소요를 정부에 의한 참을 수 없는 긴장의 자발적인 반응이라고 불렀다.[6]

운영위원회 위원들이 모두 구금되었지만 국민회의는 마비되지 않았다. 국민회의 내 사회주의자 그룹인 나라얀J. P. Narayan과 아루나 아사프 알리Aruna Asaf Ali는 원로들이 구금된 후 Quit India 운동을 전면에 나서 진행하면서 국민회의의 성격을 완전비 바꿔놓았다. 아사프 알리는 청년들에게 "폭력이냐 비폭력이냐의 무의미한 논쟁은 잊고 혁명에 뛰어들어라"라고 호소하였다. 독립 이후 나라얀은 간디주의 이상을 내세우면서 부패한 국민회의의 독재타도운동의 최고 지도자가 되었고, 소수파인 여성, 좌파, 무슬림의 조건을 모두 갖춘 아루나는 인도공산당에 가입했다가 국민회의로 돌아온 후 정계에서 은퇴하였다. Quit India 선언 이후 인도를 이끌던 이들은 간디와 국민회의 원로들이 아니라 독립 전이나 후나 언제나 비주류였던 젊은 국민회의인들이었다.[8]

(Quit India 운동이 전개되고 난 후) 국민회의의 기록에 의하면 250개의 기차 정거장이 파괴되었고, 550개의 우체국이 공격을 받았으며, 3500여 곳의 전신주가 잘려나가고, 70개의 경찰서와 정부 건물이 불탔다. 900명의 경찰이 죽고 상당수가 부상당했으며 군인

바가트 싱

비나약 센(Binayak Sen)의 석방 촉구 포스터

'만델라는 인종주의자들에 의해 감금되었다. 아웅산 수지는 독재자들에 의해 감금되었다. 비나약 센은 세계 최대의 민주주의에 의해서 감금되었다.' 빈민 의료활동을 하던 의사인 비나약 센은 마오주의자라는 누명을 쓰고 감금당했다. 그는 22명의 노벨상 수상자들의 서명과 전국적인 항의에 의해 겨우 석방될 수 있었으나 대다수의 사람들은 비야낙 센처럼 석방될 수 없을 것이다.
(참고: 《인도는 울퉁불퉁하다》 중 '나는 마오이스트의 어머니가 아니다')

11명이 죽은 것으로 되어 있으나 이 통계도 어디까지나 정확한 것은 아니다.[9]

나는 간디 이외에도 얼마나 많은 이들이 인도의 독립을 위해 싸우다 죽어 갔는지 보여주고 싶다는 생각에서 원서에 없는 사진들을 많이 수록했다. 콜카타Kolkata에 와서 자틴 다스 전철역과 네타지 보세 전철역을 지나면서도 자틴 다스가 누구인지 네타지 보세가 누구인지도 모르는 게 우리의 인도 근대사 인식 수준이다. 우리는 아래와 같은 진짜 인도의 얼굴을 보지 못하고 있다.

> 국내 안보에서 가장 큰 위협은 마오주의가 아니라 빈곤과 무책임한 정부, 비리와 부패이다. 마오주의자들이 인도 전역의 3분의 1에 출현한 것은 국가로서 실패한 우리의 모습을 비춰주는 것이다.[8]

의회정치와 대중운동으로 정치 활동을 하는 인도공산당(마르크스주의)Communist Party of India(Marxist), CPIM은 테러리즘을 전술로 선택한 인도의 마오주의자maoist들에게 반대하고 있다. 저자는 서문에서 겸손하게 이 책에는 '어떤 새로운 주장도 없다'고 했지만, 바가트 싱이 그 시대에 어떤 위치에 있었는가를 살피고 '그의 유산과 오늘날의 연관성을 이해하려는 시도'를 통해 새로움을 선보였다. 테러리스트 활동을 거친 후 테러리즘에 회의를 느껴 대중 활동가로 변신한 바가트 싱의 생애를 통해 저자는 인도 마오주의자들의 테러리즘이 인도사회의 변화에 도움이

바가트 싱

되지 않는다는 결론을 내린다.

이 책은 바가트 싱을 찬양하는 청소년 전기류의 책이 아니다. 그에 대한 비판적 접근을 통해 인도의 빈곤과 불평등을 기반으로 40년간 계속 성장해오고 있는 마오주의 문제를 근본적으로 비판하고 있기 때문이다. 저자는 바가트 싱이 대중운동에 굳건히 서 있지 못했음을 지적하면서 인도 마오주의 운동의 한계를 비판하고 있다. 이 책을 보면 현재 인도의 가장 큰 문제인 빈곤과 불평등, 그리고 그로 인한 마오주의자들의 문제를 읽어내는 데 어느 정도 도움이 될 것이다.

인도 마오주의자들의 문제에 더 접근하고 싶다면 이병진이 〈정세와 노동〉에 번역해서 실은 두 개의 글을 추천한다. 〈정세와 노동〉 2010년 2월호에 실린 리타 카한나의 '마오주의와의 전쟁: 그들은 누구이고 무엇을 원하는가'는 마오주의자들이 자신의 입장을 밝힌 글이다. 그리고 2011년 4월호에 실린 사미트 카 교수의 '마오주의에서 대량 암살로Maoism to Mass Assassinism'는 마오주의자들의 테러리즘을 비판하지만 마오주의가 확산될 수밖에 없는 이유가 인도의 사회문제 때문임을 강조하고 있다.

3

바가트 싱의 행적을 둘러싼 논쟁은 그가 '사회주의자다 vs 민족주의자다' 라는 스펙트럼 안에 있다. 이것은 체 게바라를 둘러싼 논쟁이 '사회주의자다 vs 휴머니스트다'라는 스펙트럼 안에 있는 것과 같다. '사회주의자가 아니라 민족주의자 혹은 휴머니스트다'라는 주장은 그들이 사회주의자이면서 민족주의자이거나 휴머니스트일 수도 있다는 가능성을 부정한다.

이 책 이외에도 바가트 싱의 전기는 많다. 스완 싱Swarn Singh의 《혁명의 경로Path of Revolution》(1998)는 바가트 싱이 '마르크스주의 색깔을 띠긴 했지만 뿌리는 시크교'라는 결론을 내리며 약간 누그러진 시크 민족주의로 그가 사회주의자가 아니라는 결론을 내린다. 바완 싱 라나Bhawan Singh Rana의 《바가트 싱, 인도의 영원불멸한 혁명가Bhagat Singh, An Immortal Revolutionary of India》(2005)는 '간디와 바가트 싱은 의견은 달랐지만 결국 민족의 독립이라는 큰 바다에서 만났다'라는 누이 좋고 매부 좋은 접근 때문에 논점 자체가 명확하지 않았다. 가능하면 관점이 명확한 책을 골라 번역하고 싶었다.

바단A. B. Bardhan의 《바가트 싱 순교자의 생애를 돌아보면Bhagat Singh Pages from the Life of A Martyr》과 데바시쉬 로이Debasish Roy의 《순교자 바가트 싱Shaheed-E-Azam. Bhagat Singh》(2007), 아쇼크 다왈레Ashok Dhawale의 《순교자 바가트 싱Shaheed Bhagat Singh》(2007)은 논점 자체도 명확하고 역사적 사실에도 충실하나 배포용 소책자이기 때문에 인도 근대사에 대한 기본적인 이해가 없는 사람들은 읽기 힘들 것이라고 판단했다.

이르판 하비브의 《귀 먹은 자를 듣게 하려면To Make the Deaf Hear》(2007)과 그레왈P. M. S Grewal의 《바가트 싱 불타는 별Bhagat Singh: The Blazing Star》(2008) 두 권의 책이 한국 독자들에게 적합하다는 생각이 들었다. 이르판 하비브의 전기는 세계적인 역사가로서의 명성에 걸맞게 사료를 발굴하고 현재 살아 있는 바가트 싱의 동료들과의 면담을 통해 재구성한

웨스트벵골 개발에 최선을 다하겠다는 인도공산당(마르크스주의) 후보의 선거홍보 문구

걸작이었다.

　그럼에도 불구하고 그레왈의 책을 선택한 이유는 먼저 이 책의 저자
가 현직 정치인이기 때문이다. 이 책에는 그가 현실 속에서 고민하고
있는 문제점들이 자연스럽게 녹아 있다. 독자들은 바가트 싱의 전기를
읽으면서 인도의 좌파정당들이 가진 '원칙적인 고민'을 볼 수 있을 것이
다. 정치란 '원칙'만으로 되는 것이 아니다. 그러나 원칙은 타협을 위해

버려야 하는 것이 아니라 현실과의 조율을 통해 지켜나가야 하는 것이다. 원칙을 버린 정치가 '현실'과 영합하면 '권력욕'과 '부패' 외에는 생각할 것이 없을 것이다. 정치가 본질적으로 가지고 있는 현실과의 긴장관계의 원인인 '원칙'을 이 책을 통해 느꼈으면 좋겠다는 생각에서 현직 정치가가 쓴 책을 선택했다.

독립 이후 인도의 공산주의 운동사를 잠깐 돌이켜보자. 바가트 싱의 친구들은 대부분 공산당 활동을 하였고 현재 인도 공산당의 역사는 80년이 넘었다. 이 책의 저자인 그레왈은 결론 부분에서 인도의 신자유주의를 아래와 같이 비판하고 있다.

> 토지개혁은 농업 복합기업agro-conglomerate에게 대토지latifundia를 제공하기 위해 반대로 가고 있고, 특별경제구역Special Economic Zones, SEZs에서는 외국과 국내 거대 자본에 의한 노동력의 착취와 부동산 프로젝트, 광물자원의 대규모 약탈이 이루어지고 있다.
>
> -본문 중에서-

그러나 인도공산당(마르크스주의)이 30년 넘게 집권한 웨스트벵골은 인도에서 최초로 특별경제구역을 유치한 곳이며 개발의 열기가 뜨겁다. 이러한 개발로 기업에게 공단 부지를 제공하는 문제는 난디그램Nandigram 지역에서 토지를 소유한 농민들의 항의에 부딪혀 마오주의자들과 인도공산당(마르크스주의) 당원 간에 살상이 벌어지기도 했다. 이 분쟁으로 인도공산당(마르크스주의)은 웨스트벵골에서 30년 넘게 유지

바가트 싱

해오던 정권을 잃어버렸다.

당이 내세우는 원칙과 실제 집권하고 있는 웨스트벵골 주 정부의 실제 정책은 달랐다. 공산주의 건설을 전면에 내걸고 있는 인도공산당 Communist Party of India, CPI이나 인도공산당(마르크스주의)의 현 단계 혁명 전략은 민중민주주의people's democracy다. 여기서 민주주의는 토지개혁, 카스트 시스템 철폐, 지주가 여전히 존재하는 농촌문제 해결, 실질적으로 참정권을 보장할 수 있는 정치적 환경 개선, 국가가 보장해주는 의무교육이나 의료 혜택 등이다. 현재 진행해야 하는 민중민주주의, 즉 부르주아 민주주의를 거쳐야만 사회주의 혁명을 이룰 수 있다는 것이 인도공산당과 인도공산당(마르크스주의)의 전략·전술이다. 소련에서 진행했던 집단농장이나 산업의 사회주의적 국유화는 아예 내걸지도 않고 (혹은 못하고) 있다.

인도에서 가장 진보적인 조직이라는 공산당의 정책 목표는 1940년대에 만들어진 후 아직도 거의 변화가 없다. 사회가 그만큼 낙후되어 있기 때문이다. 이들 공산당의 현재 강령 요구는 이승만의 토지개혁 수준이다. 인디라 간디의 혹독한 독재 속에서도 공산당이 제도권 정당으로 계속 유지될 수 있었던 건 인도가 소련으로부터 지원을 받고 있었기 때문이다. 그러나 이들은 단지 제도권 정당으로 활동해 왔을 뿐이다. 인도공산당 소속 노동조합이 파업 시 레닌의 사진과 깃발을 들고 나왔다고 해서 볼셰비키혁명을 꿈꾼다고 생각할 필요는 없다. 공산당 소속 노동조합 강령의 첫 페이지에는 '국내 경제 발전에 기여'와 '노동자의 권익 보호'라는 내용이 가장 윗줄에 적혀 있다. 인도공산당 소속 노동조합의 쟁의 명분은 언제나 사측이 노동법을 지키지 않는다는 것이지 공장을 붉은 깃발로 점령하겠다는 것이 아니다.

바가트 싱이 꿈꾸던 평등한 사회는 현재 인도의 제도권 공산주의자들에게는 (그들 스스로 밝히고 있듯이) '우리 시대에는 볼 수 없는' 먼 훗날의 목표일 뿐이다. 웨스트벵골의 인도공산당(마르크스주의) 정부를 근 30년간 이끌어왔던 조티 바수Joti Basu는 당이 자본주의 하에서 움직인다는 것을 분명히 밝혔다.

> 자본주의에도 역할이 있다. 우리는 자본주의를 원한다. 무엇 때문에 자본주의를 반대하고 왜 반대하고 있는지 이해할 수 없다.[10]

> 웨스트벵골, 케랄라, 티푸라(CPIM의 좌파연합이 집권했던 주들)에서 좌파 연정 정부는 노동 계급과 농민, 근로자들에게 혜택을 주는 정책을 펼치려 노력할 것이다. 자본주의체제에서 중앙 정부의 신자유주의 정책을 맞닥뜨리면서, 좌파 연정 정부는 노동자 계급과 빈민층이 방어할 수 있는 방식으로 산업화와 경제 발전을 이루어야 한다.[11]

한국에서도 스타 취급을 받는 아룬다티 로이Arundhati Roy* 등은 인도

---

* 인도의 소설가이자 에세이 작가. 1997년 첫 소설 《작은 것들의 신》으로 29회 부커 상을 받았다. 2002년에는 문화적 자유에 기여한 공로로 래넌상(Lannan Award)를 수상하였고 현재 신자유주의 반대운동과 강연활동을 하고 있다.

의 문제가 경제적 격차로 인한 계급의 문제가 아니라 카스트의 문제라고 말하면서 제도권 공산당의 토지개혁 정책에 적대감을 드러냈다. 이러한 시민운동가들이 진행하는 개발 반대 운동은 단순하지 않다. 지역 주민을 위해 싸우는 정의로운 시민운동가들도 있지만 개발되는 땅을 비싸게 팔려는 지주들과 얽히거나 다국적 자본과의 이해관계 속에서 진행되는 경우도 허다하다.[12]

인도에서 '사회주의에 심취하는 것'은 현실적으로 거의 일어나기 힘들다. 80년의 역사를 자랑하는 인도공산당은 전 인도 인구의 절반이 넘게 사용하는 힌디어로 자본론조차 번역하지 않았다. 게다가 독립 이후에는 엘리트주의으로 흘러간 것이 아닌가 하는 생각도 든다. 웨스트벵골에는 벵골어로 자본론이 번역되어 있다. 그나마 기본에 충실했기 때문에 30년 넘게 집권할 수 있었던 것이 아닐까? 나는 콜카타 현지에서 30년 넘게 집권해오던 웨스트벵골의 좌파 정권이 몰락하는 역사적 과정을 지켜볼 수 있었다. 자다푸르Jadavpur 지역은 주로 중산층 지식인들이 사는 곳으로 웨스트벵골 인도공산당(마크르스주의) 정권의 주 총리였던 부다뎁Buddhadeb의 텃밭이었지만 비참하게 패배했다. 좌파 정권의 기세는 2008년 판챠야트panchayat(농촌 자치제) 선거에서부터 누그러지기 시작해 2009년 로크사바Lok Sabha(국회 하원) 선거의 패배, 2010년 무니시팔municipal(도시 자치제) 선거의 패배, 그리고 결정적으로 2011년 의회 선거를 통해 물러나게 되었다.

사회과학을 연구하는 사람으로서 인류 역사상 처음으로 선거를 통해 30년 넘게 집권해오던 공산당이 패배하는 역사의 현장에 있었던 것이

호텔파라곤 입구에 나부끼고 있는 인도노동조합중앙회의 붉은 깃발

바가트 싱

어떻게 보면 행운이 아닐까 하는 생각도 들었다. 냉정하게 생각해보자. 웨스트벵골에서 30년 넘게 집권했던 공산당이 선거에서 패배했을 때 누구도 '공산주의의 몰락'이라는 말을 하지 않았다. 그들은 인도의 의회 제도 안에서 활동하는 제도권 정당일 뿐이기 때문이다. 인도의 제도권 공산당에 대해서는 우리가 한국의 교육시스템에서 배운 '공산당'이라는 단어에 중점을 두고 볼 것이 아니라 '제도권'이라는 단어에 중점을 두고 보아야 그들과 소속 노동조합의 활동을 제대로 이해할 수 있다.

공산당을 떠나 인도에서 사회주의라는 단어는 충분히 과잉 사용되고 있다. 인도 최고의 부패정치인 랄루 프라사드 야다브Lalu Prasad Yadav의 라쉬트리야 자나타 달Rashtriya Janata Dal, RJD(국민당National People's Party)은 학생운동가들을 대낮에 총으로 사살하고 그에 항의하는 시위군중들에게 발포하였다. 이 정당의 강령은 사회주의다. 힌두 극우 파시스트 정당인 인도인민당Bharatiya Janata Party, BJP도 한때 강령으로 '간디 사회주의'를 고민했다.

인도노동조합중앙회Centre of Indian Trade Union, CITU는 인도공산당(마르크스주의)의 노동운동 날개이다. 게스트하우스인 호텔파라곤의 종업원들은 공산당 계열 노동조합 소속이다. 콜카타에서 한국인 여행자들이 가장 많이 머무는 곳이기도 한 이곳은 지금도 여행자들이 무용담을 늘어놓기 바쁘지 사회주의에 대해 토론하고 있지 않을 것이다.

나는 수천 년을 이어져 내려온 카스트가 인도의 신비스러운 종교 때문이라고 생각하지 않는다. 지구상에서 신분제도가 몇 천 년 동안 이어지지 않았던 나라가 하나라도 있었는가? 만약 한국이 토지개혁, 한국전쟁 등의 역사를 거쳐 근대화되지 않았다면 아직도 한국식 카스트인 양반제도가 남아 있을 것이다. 그렇다면 아마도 다수의 지식인들이 사회·경제체제에 대한 근본적인 접근과 해결 방안을 찾기보다 유교의 병폐를 한탄하면서 유교에 관한 연구서들을 산더미같이 쏟아 내고 있지 않을까?

콜카타의 여행자거리 서더스트리트sudder street에서 좀 더 걸어 나가면 옥스포드 서점이 있는 파커스트리트에 KFC와 맥도널드가 있다. 맥도널드는 쇠고기 패드 햄버거를 파는 가게지만 인도는 쇠고기가 금기시 되는 곳이라 닭고기 패드와 야채 패드를 넣어서 판다. 이 패스트푸드점에서 세트 메뉴를 시켜 먹으려면 한국 돈으로 5000~6000원 정도가 든다. 인도는 한국과 실질 물가는 비슷하지만 공산품은 더 비싸고, 최소 생필품인 밀가루나 쌀은 한국에 비해 약간 싸다.

햄버거를 먹고 난 후 담배를 피우려고 남겨둔 커피를 들고 패스트푸드 가게를 나서면 일당 2000원이 조금 넘는 건축노동자들이 땅을 파헤치고 있다. 이들은 밀가루로 구운 짜파티와 고추 몇 개, 소금으로 생활을 하고 여유가 되면 감자와 콩 요리를 먹으면서 고단하게 산다. 하루에 600원도 안 되는 돈으로 생활하는 이들이 인구의 약 70퍼센트를

바가트 싱

차지한다. 이것이 몇 백 년 아니 몇 천 년 동안 내려온 빈부차이다.

　나는 가난을 찬미하며 인도의 종교를 빌려와 도인 행세를 하는 것도, 가난한 이들의 고통을 찬미하며 온갖 철학적 현학을 늘어놓는 신종 무정부주의자인 인도의 포스트모더니스트들도, 언젠가 그날이 올 것이라는 '자율주의' 같은 주장도 다 불편하다. 그건 그네들의 현학적인 말장난일 뿐이다. 암베드카르Ambedkar, Bhimrao Ramji가 불가촉천민을 조직하지 않았다면 독립 후 헌법에서 카스트제도를 법으로 금지할 수 있었을까? 인도인들이 독립 투쟁을 위해 스스로를 조직하지 않았다면 인도는 독립할 수 있었을까?

　인문사회과학을 연구하는 '수유 너머'의 운영자 고미숙님의 《돈의 철학, 호모 코뮤니타스》라는 책은 간디나 비노바 바베, 그리고 수유 너머처럼 살아보라고 말하고 있다. 간디의 마을은 온정주의를 가장하고 있지만 봉건적인 관습과 기형적인 사회구조에 저항하는 인도 민중들의 삶을 지켜보면 적절하지도 않고 이루어질 수도 없는 공동체이다. 그런 역사를 논하면서 우리처럼 살아보라고 하는 건 썩 내키지 않는 말이다. 대한민국에서 괜찮은 학벌을 배경으로 어느 정도 자신의 시장성을 확보한 '수유 너머'류의 사람들이 몇이나 될까?

　섹스 피스톨즈의 '막 나가는' 가사를 만들고 밴드의 보컬을 맡았던 조니 로턴의 자서전 《섹스 피스톨즈, 조니 로턴》을 번역했던 것은 펑크를 통해 1977년 직후 신자유주의의 여신 마가렛 대처가 집권한 이유를 되짚어볼 수 있었기 때문이다. 조니 로턴은 건달 같은 말투를 사용했지만 '지식인'으로서 일탈이나 탈주가 현실과는 아무런 상관이 없다는 것을 고백했다. '수유 너머'의 '일탈·탈주' 콘셉트의 인문학 강의와 서적이 시장에서 안정성을 확보하여 자신감을 가지게 된 것은 이해하지만 '우리처럼 살아보라'는 식의 주장은 수강생이나 독자들에게 너무나 비현실적이다. 콜카타 시내에서 '비싼' 햄버거를 먹고 나와 거리의 건축노동자들을 보고 있노라면 이러한 지식인들의 '도인 놀음', '무책임한 현학', '자아도취'에 대해 생각하게 된다.

인도는 제조업 중심으로 개발되어야 한다. 인구의 70퍼센트가 하루에 600원도 쓰지 못하는 현실에서 간디의 '마을'을 논하는 것은 너무 한가해 보인다. (간디의 '마을'을 이상향으로 삼고 있는 한국의 시민운동이나 환경운동의 선의 그 자체를 비판하려는 의도는 전혀 없다. 정보 부족으로 인해 선의가 잘못 표출된 것이라고 생각할 뿐이다.) 개발은 진행되어야 한다. 단지 개발의 내용이 문제일 뿐이다. 양극화로 치닫는 개발이 아니라 고용 창출과 품위 있는 삶을 누릴 수 있는 개발로 나아가야 한다. 개발을 시작할 때 '지역 주민들의 반대와 마오주의자들의 등장'은 언론 보도에서 언제나 흘러나오는 이야기이다. 지역 주민들이 개발을 반대하는 이유가 마오주의자 때문이라는 것은 동어 반복이지 설명이 아니다. 사업을 반대할 만한 이유가 있기 때문에 마오주의자가 명분을 가질 수 있는 것이다. 이는 인도의 독립 이후 굳어져 온 사회구조와 맞물려 있다. 왜 마오주의자들이 독립 이후 50년간 계속 성장해올 수 있었는가에 대한 최소한의 이해조차 없이 개발을 시작한다면 웨스트벵골의 '난디그램 사태'가 계속 반복될 것이다.

이 번역서 이후에는 내가 연구하고 있는 산업 개발과 생산 방식 분

바가트 싱

야에 대한 작업이 책으로 나올 것이다. 인도에 관한 세 번째 책이 나오게 된 데 어머니과 가족들에게 감사드린다. 그리고 나를 지원해주는 친구들과 지도교수님이신 자다푸르대학Jadavpur University의 루비 사인Ruby Sain 교수님, 프레지던시대학Presidency University의 사미트 카Samit Kar 교수님께 감사드린다.

2012년 5월

| 서 문 |

    인류의 역사는 계급의 착취와 압제에서 해방되기 위한 집단과 개인의 투쟁과 희생으로 가득 차 있다. 이 끝없는 전투의 밀물과 썰물은 역사와 대중의 기억 속에 다양하고 자세하게 기록되어 있다. 전쟁, 침략, 반역, 혁명 등 폭풍과 같은 사건들은 그 시대를 살았던 이들을 넘어 세대에서 세대로 이어지며 깊은 인상을 남긴다. 그 중에서도 역사의 한가운데에서 특출한 개인의 삶과 투쟁, 영웅적 행동은 대중의 기억 속에 가장 깊은 울림으로 불멸의 지위를 획득하고 자유와 평등에 대한 영원한 인류의 이상적인 상징이 된다.

    그러나 이러한 불멸의 지위는 극소수만이 얻을 수 있다. 바가트 싱은 반역자이자 혁명가로서 가장 돋보이는 인물 중 한 명이다. 인도 민족해방 투쟁의 깃발 위에서 그의 인생과 순교는 불타는 별처럼 빛났으며, 자유와 정의를 위해 싸운 세대들을 고무시켰다. 그는 23세의 나이로 인도 노예주의 손에 죽었다. 순교 이후 75년이 지났지만 한 시인이 느꼈던 것처럼 그는 여전히 빛을 발하는 본보기로 살아 있다.

우리는 죽음을 두려워하지 않는 자들이다.

우리는 죽어서도 여전히 살아서 나타난다.

바가트 싱과 동지들은 인도에서 1920년대와 1930년대에 전면으로 등장한 새로운 혁명 세대의 일부였다. 이때는 광범위한 대중, 특히 청년들이 식민지배 하에서 국민회의the Congress의 타협적인 전술에서 깨어나 자유를 위한 투쟁의 영역으로 들어가던 시기였다. 그들은 민족해방 투쟁의 과정에서 영국을 대변하는 개인에게 보복 행위를 하는 무장투쟁을 신뢰했다. 무장투쟁은 독립을 위해 대중을 각성시키는 주요 무기로서 혁명 조류의 상징이었다. 바가트 싱은 혁명가들 중 가장 돋보이는 존재였고, 그의 이름은 '인퀼랍 진다바드Inquilab Zindabad(혁명 만세)'라는 전투 구호와 동의어가 되었다.

20세기 초 영국 식민지배에 대항하여 자신을 희생했던 혁명적 테러리스트들은 민족해방 투쟁의 구체적인 내용과 독립된 인도가 어떤 형태를 갖추어야 하는지에 대한 명확한 전망이 결여되어 있었다. 더욱이 그들의 영감의 근원은 종교와 과거에 뿌리를 둔 것이었다. 바가트 싱과 동지들로 대변되는 혁명 신세대들은 시간을 두고 진화하여 초기의 혁명적 테러리스트 전통과 단절했다. 그들은 제국주의에 대항하는 비타협적인 투사이면서도 여타의 억압에 질문을 던지고 투쟁과 성공 이후에 대한 구체적인 전망을 모색했다.

타협을 모르는 그들의 말과 진실한 용기, 영감으로 보여준 식민지배에 대한 증오는 수백만의 동시대인들을 민족해방 투쟁에 몰입하게 하였고, 국민회의 지도부의 타협적인 전술에 많은 질문을 하게 만들었다. 또한 그들의 흔들리지 않는 반제국주의는 제국주의자들의 착취와 지배, 전쟁에 대한 저주로 가득 찬 세계를 타파하고자 하는 이들을 고무시켰다. 오늘날까지도 인도에서 반제국주의 투쟁이라고 하면 대중을 고양시킨 이 혁명가들, 특히 바가트 싱에 대한 기억과 영웅적 행동을 일컫는다는 것은 놀랄 일이 아니다.

바가트 싱과 동지들을 단순히 '민족 혁명가' 또는 '혁명적 테러리스트'로 규정하는 것은 정확하지 않다. 오히려 그들은 자신의 경험에 의지해 점진적으로 마르크스주의에 가까이 다가가 국제적으로 시각을 넓혔고 사회주의와 계급 착취 없는 자유 인도 건설에 참가하였다. 갓 출범한 공산당처럼 그들 또한 자유의 구호에 사회적 내용을 채워 넣고자 했다. 이들 중 다수는 공산당에 가입했다. 바가트 싱의 동지였고 후에 바가트 싱 선집의 편집자가 된 쉬브 베르마Shiv Verma의 말을 들어보자.

이 시대의 혁명가들은 사회주의를 받아들이는 것 이외에도 인간에 의한 인간의 착취나 타민족에 의한 타민족의 착취가 이루어지지 않는 계급 없는 사회를 지향했다. 또한 그들의 전투가 영국 제국주의를 향한 것만이 아니라 제국주의체제 전체에 대항하는 것임을 선언했다. 그들은 소련에 일치감을 가지고 깊은 존중을 품고 있었고 혁명 이후의 정부 형태는 신, 종교, 신비주의와 절연한 세

쉬브 베르마

속주의에 입각하여 강력한 반코뮤날anti-communal*의 전망을 가진 프롤레타리아 독재의 한 형태가 될 것이라고 믿었다.

목표를 실현하기 위해 모든 것을 희생하는 의지와 투옥, 고문, 죽음 앞에서도 당당했던 영웅적인 행동은 몇 백만 명을 지속적으로 고무시켰던 빛나는 모범이었다. 바가트 싱은 그 중에서도 가장 잘 상징화되었

---

* 코뮤날리즘(communalism)은 국내에서 종파주의로 번역하고 있는데 이 책에서처럼 종파주의로 번역되어온 sectarism이나 faction(분파)이 동시에 나올 경우 번역의 어려움이 발생한다. 그렇다고 부정적 의미를 가진 이 말을 긍정적인 의미로 사용하고 있는 공동체주의로 번역하는 것도 난감했다. 인도인들이 발음하는 대로 코뮤날리즘으로 번역하는 것이 가장 무난할 것이라고 생각해서 이와 같이 표기하게 되었다.

다. 라나디브B. T. Ranadive*는 이를 간결하게 아래와 같이 표현했다.

　　혁명과 혁명의 이념은 개인의 영웅적 행동 없이는 이룰 수 없다.
특출한 개인들은 민중을 고무하고, 교수대와 단두대의 도끼 앞에
기꺼이 갈 수 있는 용기와 희생이 있어야 한다. 어떠한 혁명적 이념
도 적에 대한 맹렬한 증오와 모든 제도 및 도구를 사용하는 전면
전 없이는 성공할 수 없다. 바가트 싱은 위대한 개인의 영웅적 행
동과 영국의 지배에 대한 증오를 결합시켜 민족투쟁의 상징과 외세
지배에 대한 증오의 화신이 되었다.

이 상징이 인도 민중의 가슴속에 여전히 살아 있다는 증거는 전국
어디를 가더라도 그의 포스터와 사진, 그림이 사람들의 집 벽, 공공장
소, 차량에까지 붙어 있는 것을 보면 알 수 있다. 전국 수천 개의 청
년클럽이 그의 이름을 따른다. 그는 불의에 투쟁하는 전무후무한 상
징으로서 전설이 되었다. 그의 영웅적 행동과 희생에 대한 무수히 많
은 노래와 시들이 펀자브어와 힌디어만이 아니라 다른 지역 언어로도
만들어져 세대를 이어 불리고 있다. 몇 년 전 나는 가지바드Ghazibad 구
잔다푸르Jahandapur에서 다른 순교자인 사프다르 하쉬미Safdar Hashmi를
기념하는 행사 도중에 한 가수가 바가트 싱의 생애와 순교에 대한 노
래를 부르는 것을 듣고 감탄했다. 힌디 상업영화에서도 그의 생애에

---

* 인도 민중 극단의 창립 멤버 중 한 사람이며 인도 정치극의 대표작가로 1989년 정치극을 공연하
　던 중 국민회의 당원들의 공격을 받고 죽었다.

　　　　　　　　　　　　　　　　　　　　　　바가트 싱

기초를 두고 서너 편의 영화를 찍었지만 대부분은 바가트 싱을 잘못 해석한 것이었고, 지배계급이 받아들일 만한 방식으로 그의 역할을 정했다.

바가트 싱을 기억하고 있는 모든 이들에게 그의 탄생 100주년은 삶과 죽음에서 그가 무엇을 위해 살았으며, 영웅적인 유산으로 무엇을 남겼는지 이해하는 시간이 되어야 할 것이다.

1장

칼을 갈다
역사적 환경과 초기

Bhagat Singh

바가트 싱은 다른 사람들과 마찬가지로 그 시대의 산물이다. 그에게 가장 많은 영향을 준 것은 그가 태어나고 살았던 식민지배의 지독한 현실이었다.

그는 자유운동을 이끌던 국민회의가 이전의 투쟁 방법을 버릴 것을 요청 받던 시기에 태어났다. 그들의 오랜 청원과 다른 제도적 방법은 거의 성과를 거두지 못했다. 1910년까지 대중 동원과 투쟁은 공개적으로 국민회의 지도자들 중 발 강다르 틸라크Bal Gangadhar Tilak과 비핀찬드라 팔Bipinchandra Pal, 랄라 라지파트 라이Lala Lajpat Rai에 의해서 스와라지를 달성하는 방법으로 시작되었다. 민중들 사이에서 불만이 커져 갔고, 농민들은 새로운 노선의 지원에 객관적인 기반을 제공했다. 혁명적인 테러리즘은 특히 벵골에서 자주 일어났고, 캘커타와 봄베이를 비롯한 대도시의 거대한 노동조합 투쟁은 당시 정치의 급진화를 도왔다. 국제적으로는 러시아의 차르가 일본군에게 패한 것과 1905년 러시아혁명이 국민회의와 민족운동 내에 보다 전투적인 흐름이 형성되는 것을 도왔다.

벵골 분할*이 임박하자 국민회의 지도부의 다수파는 서둘러 전술을 바꿀 수밖에 없었고, 결국 1905년 8월 7일 외국 제품 불매운동을 선언하기에 이르렀다. 이러한 조치는 인도 부르주아의 부분적인 지원을 이끌어냈는데, 그 이유는 그들도 이득을 볼 수 있었기 때문이다. 이어서 민족주의 교육기관 설립과 스와라지 슬로건을 선동하는 결정이 동시에 일어났다. 1905년 12월 벵골 분할이 공식적으로 선포되고 1906년 10월 실제로 시행되면서 벵골에 거대한 대중 소요가 일어났다.** 이것은 펀자브를 포함한 다른 지역들로 급속히 번져나갔다. 영국은 이 운동을 분쇄하기 위해 가혹한 탄압을 가했지만 성공하지 못했고, 끝내 1911년 벵골 분할을 철회할 수밖에 없었다.

---

* 현재 인도의 웨스트벵골 주와 방글라데시는 식민지 시절에는 하나의 벵골이었다. 그러나 통치를 원활하게 하기 위해 영국이 벵골을 웨스트벵골과 이스트벵골로 양분하자 벵골을 중심으로 전 인도에 반영국운동이 일어났다. 벵골 문화라고 알려져 있는 것은 현재 인도 땅인 웨스트벵골의 문화만이 아니라 방글라데시까지 포함해야 한다. 아마르티아 센도 다카 출신으로 출생지로 보면 방글라데시인이고 타고르의 시도 방글라데시 전통 민요에서 나왔다.

** 위키피디아와 국내 인터넷 백과사전에서 조사한 것과 이 책에 언급된 벵골 분할의 시기가 다르다. 인터넷에서는 1905년 7월에 분할이 선포되고, 그 해 10월에 시행되었다고 한다. 두 인터넷 사이트에서 조사한 내용이 동일한 것으로 보아 이 책이 잘못된 것으로 보인다.

바가트 싱

혁명적 테러리즘의 성장

벵골 분할에 대한 대중운동은 벵골 안팎에서 혁명적 테러리즘과 동시에 일어났다. 1907년 8월 벵골 미드나푸르Midnapur에서 총독의 마차를 폭파하려는 시도가 있었다. 무자파르푸르Muzaffarpur에서는 1908년 4월 30일 프라풀라 차키Prafulla Chaki와 쿠디람 보세Khudiram Bose가 캘커타 전직 행정관인 킹포드Kingford*를 죽이기 위해 마차에 폭탄을 투척했다. 그러나 불행히도 폭탄은 킹포드 대신 마차를 타고 오던 두 명의 영국 여성들에게 떨어졌다. 프라풀라 차키는 모카마Mokamah 기차역에서 경찰에게 에워싸이자 체포되기보다 자결하는 것을 택했다. 17세의 쿠디람 보세는 체포되어 1908년 8월 11일 교수대에 올랐고 그를 잡은 경찰은 그 해 11월 총에 맞아 죽었다. 경찰은 이러한 사건이 계속 늘어나는 것에 놀라 알리포어Alipore 공모사건(킹포드 공격 사건을 일컫는다—옮긴이)에 연루된 34인을 체포했다. 결국 1910년 2월 그들은 무기징역을 포함해 다양한 형을 언도받았고, 그 중 두 명인 카나일랄 다타Kanailal Datta와 사티엔드라나스 바수Satyendranath Basu는 밀고자로 드러난 체포자들 중 한 명을 죽였다는 이유로 교수대에 올랐다.

마하라시트라Maharashtra에서는 혁명 활동을 위해 무기 밀수를 시도하던 비밀조직 '아비나브 바라트Abhinav Bharat'가 경찰에 발각되었다. 사바카르V. D. Savarkar의 형인 가네쉬 사바카르Ganesh Savarkar가 종신형을 받은

---

* 행정관은 치안판사의 아래 직위로 킹포드는 특히 민족주의자들에게 가혹한 형벌을 내리는 것으로 악명이 높았다.

것을 포함해 피고인들에게 가혹한 판결이 내려진 나시크Nasik 공모사건의 집행에 대한 복수로 혁명가들은 나시크 관할구의 징세원 잭슨을 살해했다. 영국에서는 마단랄 딩그라Madanlal Dhingra가 영국에 있는 인도 학생들 사이에 밀정을 심는 것을 눈감아준 쿠르존 윌리Curzon Wyllie를 총으로 쏘아 죽인 혐의로 1909년 8월 17일 교수대로 갔다. 딩그라는 교수대로 가면서 "내가 다시 같은 어머니 밑에서 태어난다 해도 똑같이 신성한 명분을 위해서 죽을 것이다"라고 외쳤다.[1]

이러한 활동들은 20세기 초반에 20년간 지속되었다. 그 중에서도 중요한 것은 1911년 6월 티루넬벨리Tiruneveli의 악명 높은 징세관인 윌리엄 애쉬William Ashe의 살해와 1912년 12월 23일 델리 총독 하딘지Hardinge의 살해 시도였다. 총독은 다쳤지만 살았다. 라쉬베하리 보세Rashbehari Bose를 제외하고 이 공격에 참가한 아와드 베하리Awadh Behari, 아미르 찬드Amir Chand, 발 무칸드Bal Mukand, 바산타 쿠마르 비스와스Basanta Kumar Biswas는 체포된 후 델리 공모사건에 회부되어 결국 교수대에 올랐다. 1914년 1차 세계대전 때는 다른 형태의 시도로 영국과 맞서는 무장투쟁인 가다르운동Ghadar Movement(가다르는 우르두, 펀자브어로 '혁명' 또는 '반란'이라는 뜻이다―옮긴이)이 일어났으며 그 중심지는 펀자브였다. 이 운동에 대해서는 이후에 다시 볼 기회가 있을 것이다.

제1차 세계대전과 국민회의

1차 세계대전이 터지자 인도 민중의 비참한 상태는 더 심해졌다. 인

바가트 싱

도의 식민지 군대는 증강되어 유럽, 아시아, 아프리카에 있는 영국의 전선으로 파견되었다. 인도 민중들은 강요된 기부에 의해 전쟁비용으로 1억 4500만 파운드를 지불했고, 영국 국채 7500만 파운드를 매입했다. 이는 미친 듯이 치솟는 인플레이션을 발생시켰고 간접적으로 세금이 늘어나 민중들에 대한 약탈은 더 강화되었다. 레닌이 저술한 바와 같이 제국주의 국가들 간의 정의롭지 못한 전쟁은 제국주의 진영의 모순이 격화됨에 따라 나온 것이며, 그들 사이에서 세계와 시장을 재분할하기 위해서 싸우는 것이었다. 유럽의 많은 사회주의자들이 자국의 쇼비니즘chauvinism(폐쇄주의)에 휩쓸려 그들이 존중하는 제국주의자들 간의 전쟁을 지지한 것과 달리 레닌은 전쟁에 반대하면서 전 세계 노동자들에게 무기를 자국의 제국주의자들에게 겨누고 그들의 지배를 무너뜨리라고 요청했다.

국민회의 지도자들은 유럽 사회주의자들의 입장을 따랐다. 랄라 라지파트 라이와 진나M. A. Jinnah가 포함된 국민회의 대표자들은 전쟁 발발 직후 런던에 가서 영국 정부에게 인도 민중들이 영국을 지원할 것을 서면으로 확인시켜 주었다. 국민회의의 틸라크 같은 지도자들도 뒤처져 있지만은 않았다. 그는 1914년 9월 21일 마라타어로 적은 편지에서 "이러한 경우 모든 인도인들은 크든 작든 군주이든 거지이든 황제 폐하의 정부를 도울 의무가 있다는 것이 내 확고한 의견이다"라고 적었다. 간디는 전쟁 발발 직후 런던에 도착했는데, 영국의 인도 젊은이들에게 영국의 승리를 위해 일할 것을 충고했고 심지어 참전하라고까지 했다. 인도에 돌아오고 나서도 간디는 그가 할 수 있는 모든 것을 동원해 영국을 도왔고, 제국주의 군대를 위해 싸울 젊은이들을 모병하는 활동을 했다.

부르주아 역사가들이 일반적으로 1차 세계대전 때 국민회의 지도자들의 역할을 중요하게 보지 않은 것은 주목할 만하다. 이는 그들이 1942년부터 반파시스트 전쟁을 지원한 공산주의자들을 비판한 것과 놀랄 정도로 대조적이다. 사실 1차 세계대전과 2차 세계대전은 상황이 매우 달랐다. 1차 세계대전 중 국민회의 지도자들은 영국에게 그들의 충성심을 보이기 위해 안달이 나 있었지만, 1942년 공산주의자들은 파시스트가 전쟁에 승리하면 식민지 민중들의 민족해방 투쟁을 포함해서 전 세계에 대재앙이 될 것이라고 생각했다.

국민회의 지도자들은 내심 영국이 그들의 충성심에 대한 보답으로 전쟁 이후에 좀 더 많은 정치적 권리와 혜택을 주리라는 희망을 품었다. 하지만 그들은 곧 실망하게 된다.

펀자브의 투쟁 전통

바가트 싱이 바가트 싱답게 변해 갔던 환경을 이해하기 위해서는 그가 태어나고 자란 펀자브의 상황을 고려해야 한다. 반란의 격동, 즉 1857년에 발발한 최초의 독립전쟁(세포이의 반란으로 대표되는 인도 전역의 반란—옮긴이)은 펀자브를 흔들지 않았다. 펀자브가 1849년 영국에 합병되었을 때는 말와Malwa 지역, 즉 수틀레지Sutlej 강 남쪽에 있는 지역만을 통치했던 란지트 싱Ranjit Singh(시크제국의 왕—옮긴이)의 죽음 이후 10년

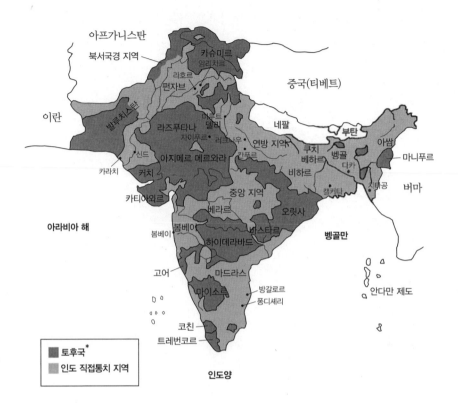

분할 이전의 인도

바가트 싱은 현재 파키스탄의 영토인 펀자브 지역에서 태어났다.

* 조세나 경찰력 등 영국의 도움을 받기는 하나 영국의 직접 통치가 아닌 군주를 통해 통치했던 지역

이 지났을 때였다.

란지트 싱의 죽음과 최종 합병 사이의 10년 동안 쓰라린 전투들(영국인들의 용어로는 앵글로-시크 전쟁)이 계속되었다. 어떤 의미에서 펀자브의 지배자와 민중들은 이미 독립을 위한 전쟁을 치르고 그것에 패배했다.

그러나 펀자브 전쟁은 1857년의 전쟁과는 다르다. 후자가 이미 식민지 노예가 된 상태에서 자유를 찾으려고 싸운 전쟁이었다면, 이것은 독립을 지키기 위한 것이었다.

펀자브의 패배는 직접적으로 1857년 반란의 참여를 막았다. 다른 요인들도 물론 있다. 영국은 자신들과 싸우던 자기르다르jagirdar*들을 제거하지 않고 정책적으로 흡수하여 펀자브에서 새로운 통치의 버팀목으로 삼았다. 그들 중 대부분에게는 이전의 특권인 작은 자기르jagir와 집 일부를 유지하는 것이 용인되었다.** 이러한 상황에서 자기르다르들은 1857~1858년 봉기 기간에도 영국에게 충성했다. 수틀레지 강 남쪽에 있던 토후국들은 란지트 싱에게 합병되지 않기 위해 일찌감치 영국의 보호령 아래로 들어갔다. 토후국 통치자들은 영국과 싸우는 데 관심이 없었다. 그들의 기만적인 역할은 이런 사실들과 겹쳐져 1857년 반란과 펀자브 사이에 거리를 두게 했다.

그러나 1년이 지나지 않아 펀자브에서도 첫 반제국주의운동이 일어났다. 바바 람 싱Baba Ram Singh은 란지트 싱의 군대에 있다가 해산된 군인 출신으로 다른 해체된 군사들과 불만 있는 병사들을 동원하여 1858년 4월 쿠카운동Kooka movement을 일으켰다. 이는 곧바로 강력한 반제국주의운동으로 발전하여 비협력, 스와데시, 외산 제품 불매, 교육기관 설립과 정부 관직을 슬로건으로 제시했다.[2] 그들의 주장은 국민회

---

* 무굴제국에 의해 3년에서 길게는 평생 군대를 소유할 수 있는 족장으로 임명된 이들이 가지는 영토인 자기르(jagir)를 하사받아 토지세를 징수하고 군대를 징발해 관리하던 특권계층이다.

** 영국은 봉건 지주들을 대부분 이와 유사한 방식으로 온존시켜 그들을 이용해 농민들을 착취하고 통치비용을 최소화하였다. 식민지 인도에서 지주는 영국의 앞잡이라고 보면 된다.

바가트 싱

의보다 50년이나 앞선 것이었다는 점에서 고무적이다. 영국은 쿠카운 동을 야만적으로 탄압했다. 일례로 1872년에 65명의 쿠카 활동가들을 대포 포신에 묶은 뒤 날려버린 것이다.[3] 쿠카운동은 분쇄되었지만 바바 람 싱의 추종자들은 자유 투쟁사에서 흔들리지 않을 민족주의자로 남았다. 펀자브에서 이어진 반영국 투쟁은 운하 근처의 지역민들에게 운하의 물 사용 이외에도 하수 처리와 조림에 대한 비용까지 과도하게 부과한 세금 징수법에 반대하는 투쟁으로 일어났다.

영국에게 펀자브 지방은 곡창지대이자 산업 원료의 제공지 및 상품 판매를 위한 시장의 가능성을 가진 곳이었다. 게다가 펀자브는 식민지 군대의 군인들을 징집하는 데도 주요했다. 그러나 영국이 이러한 목표를 실현하기 위해 적극적으로 나서면서 많은 농민들이 몰락했다. 흉년이 들거나 곡물가가 하락해도 아랑곳하지 않고 무자비하게 징수되는 무거운 세율은 펀자브 농민들의 생활을 악화시키는 주요한 요인이 되었다. 농민들은 선택의 여지없이 고리대금업자에게 돈을 빌릴 수밖에 없었고, 눈덩이처럼 불어나는 빚의 악순환에서 헤어 나오지 못해 결국 땅을 강탈당했다. 1857년에서 1893년까지 20년이 채 안 되는 기간 동안 고리대금업자들은 지역의 각기 다른 곳에 있는 17만 9000에이커의 경작지를 획득하게 되었다.[4] 1923~1924년 한 해 사이에만 11만 9000에이커의 땅이 팔렸고 289만 3000에이커가 저당잡혔다는 사실은 이 과정이 줄어들지 않고 계속되었다는 것을 알려준다.[5] 그 과정에서 특히 영세농과 중산층 농민들의 땅이 급속히 고리대금업자의 손으로 넘어갔고 부농조차 빚에서 완전히 자유롭지는 못했다.

1869년에 일어난 기근과 1891년과 1911년 사이에 창궐한 콜레라, 전염병, 인플루엔자는 농민들을 더욱 더 바닥으로 밀어넣었다. 모든 것을 빼앗길 수 있는 소작농과 반쯤 농노로 살아가는 농업 노동자들의 상황은 더욱 심각했다. 이는 농민들이 각기 다른 지역에서 분출된 반제국주의운동에 대거 참여하는 계기가 되었다.

영국은 펀자브 지방에서 군인으로 징발한 농민들을 중국에서 혹은 이후 1차 세계대전 중에 터키, 중동, 동아프리카, 서유럽 등지에서 제국주의 이해를 위한 총알받이로 이용했다. 1차 세계대전 중에 4만 7000명의 인도 병사가 죽었고 6만 5000명이 부상당했다. 희생자 중 다수는 펀자브 군인들이었는데 그들은 대부분 시크교도와 무슬림이었다. 엄청난 급료의 차이와 노골적인 인종차별은 식민지인 인도 군인들에게 깊은 분노를 품게 했다.

영국은 오늘날 파키스탄의 펀자브 지역에 해당하는 550만 에이커의 땅을 2만 마일의 운하와 지류들을 통해 관개망으로 만들었다. 펀자브의 중심 구역에 살던 농민들은 여기에 정착해 살도록 권유받았는데, 이주한 이들 가운데 한 명이 바로 바가트 싱의 할아버지였다. 이주민들은 영국이 운하 이주지에 들어간 비용을 뽑아내기 위해 1906년 10월에 제정한 식민지법의 가장 직접적인 타격을 받았다.

바가트 싱은 1907년 9월 27일 펀자브 리알푸르Lyallpur의 방가촌Banga village에서 태어났다. 그의 가족은 원래 할아버지가 체나브Chenab 운하 지역으로 이주하기 전 펀자브 잘란다르 구의 카트카르 칼란Khatkar Kalan에 살고 있었다. 바로 영국의 농민정책이 끼친 악영향에 직접적으로 맞

(왼쪽) 어린 시절의 바가트 싱
(오른쪽) 독립운동가였던 삼촌 아지트 싱

서 싸우는 집안에서 태어났던 것이다. 그의 삼촌인 아지트 싱Ajit Singh은 랄라 라지파트 라이와 반케 다얄Banke Dayal과 함께 식민지법에 반대하는 투쟁을 이끌었다. 바가트 싱의 아버지인 키센 싱Kishen Singh 또한 이 투쟁에 참가했다. 이 때문에 아지트 싱과 랄라 라지파트 라이는 만달라이Mandalay로 추방되었고 키센 싱은 옥살이를 해야 했다. 그러나 다행히도 이 운동은 성공적이어서 법안은 1907년에 폐기되었고, 아지트 싱과 랄라 라지파트 라이, 키센 싱은 곧 자유의 몸이 되었다.

바가트 싱의 삼촌과 아버지는 1906년 국민회의의 캘커타 회기Calcutta Session에 참석했다. 그들은 특히 틸라크와 틸라크로 대표되는 민족주의 정치의 새 조류에 영향을 받았다. 또한 국민회의가 제시한 외산 제품 불매를 실현하기 위해 〈바라트마타Bharat Mata〉(어머니 인도라는 뜻—옮긴이)를 발행하여 이를 대중들에게 광범위하게 전달하였다. 이후 그들을 발기인으로 바라트마타협회Bharat Mata Society가 설립되었다. 바가트 싱은 가족들의 투쟁 전통에 영향을 받았다. 그는 다음과 같은 말로 이를 인정하였다. "내가 자유라는 대의를 위해 내 인생을 바칠 것을 갈망하게 된 것은 아버지의 가르침을 통해서였다."[6]

반란의 울림

〈가다르 디 군지Ghadar di goonj(반란의 울림)〉는 가다르운동의 전파에 중요한 역할을 한 문헌이다.

가다르운동 참가자들은 다음과 같은 구인광고를 냈다.[7]

〈가다르신문〉은 애국자들을
다음과 같이 초청합니다.

구인 : 인도에서 반란Ghadar을
　　　 개시할 두려움 없고
　　　 용감한 군인

급여 : 죽음

보상 : 순교와 자유

장소 : 인도의 전장

가다르 모집 공고 포스터

가다르 조직은 1913년 무장투쟁을 통한 인도의 해방이라는 명백한 목적을 가지고 미국에 거주하는 인도인들에 의해 설립되었다. 이들 대부분은 펀자브인들이었다. 가다르 조직은 정교 분리를 지지했고 종교 간의 화합을 강조했으며, 종교나 카스트, 불가촉천민이나 인종에 근거를 둔 어떤 차별도 거부했다. 자유 인도에 대한 그들의 전망은 미국식 민주주의가 전파되면 모든 이들이 평등해진다는 것이었다. 그들은 경제적 측면에서도 평등주의 이념을 가지고 있었다. 간행물인 〈가다르 디 군지〉에서 그들은 "우리 가난한 이들은 혁명을 해야 하며 부자들에게 의지해서는 안 된다. 어느 누구도 불가촉천민이 아니다. 우리는 카스트와 신앙을 구별하지 않는다. 우리는 착취를 끝장내야 한다"라고 명시했다.[8]

다른 식민지 출신 이민자들과 마찬가지로 미국의 가다리트Ghadarite(혁명가)들은 인종차별과 계급 착취라는 가혹한 현실에 직면해 반제국주의와 국제주의 전망을 지니게 되었다. 그들은 글과 시에 이를 명백히 선언하였으며, 모든 나라의 민중들에게 착취적인 제국주의 시스템을 전복하기 위해 단결하자고 외쳤다. 또한 인도 군인들에게 영국이 식민지 지배를 위해 벌이는 전쟁에서 싸울 것을 거부하라고 호소하였다. 시 모음집《가다르 디 군지》에서 한 시인은 다음과 같이 썼다. "오, 형제들이여. 중국에 대항하여 싸우지 마라. (중략) 인도와 중국, 터키의 민중들은 친형제들이다. 적이 우리의 형제애를 더럽히는 것을 용납해서는 안 된다."[9]

1차 세계대전 발발 후 수천 명의 가다리트 이민자들이 조국 해방의 사명을 완수하기 위해 펀자브로 돌아왔다. 고마가타 마루Komagata Maru 사건은 펀자브에서 캐나다로 가려던 이민자들이 캐나다 당국에 의해 입국이 불허되어 펀자브로 되돌아가게 된 사건이다. 버지 버지Budge Budge에서 경찰과의 충돌로 22명이 사망한 것은 잘 알려져 있다. 영국은 가다리트들의 위협에 대규모 검거로 응답했다. 검거를 피한 가다리트들은 농민들 사이에서 근거지를 확보하는 데 최선을 다했고, 영국 식민지군대 내에서 반란을 조직했다.

그들이 조직한 주요 폭동은 페로즈푸르Ferozpur와 라호르Lahore(현재는 파키스탄 지역이지만 독립하기 전에는 펀자브의 주도였다-옮긴이), 라왈핀디Rawalpindi의 수비대에서 일어났으나 배신자들에 의해 패퇴하거나 영국의 철권통치에 의해 강경 진압되었다. 당시 145명의 가다리트들이 교살되거나 죽었고, 306명이 종신형을 선고받았다. 또한 300명이 재판 없이 구금되었고, 2455명은 그 지역에 강제 억류되었다. 당시 교살되거나 죽은 145명 중 62명이 군인이었고, 종신형을 받은 이들 중 190명이 군인이었다는 것을 보면 가다르운동이 군대 내에서 획득한 영향력이 어느 정도였는지 짐작할 수 있다.[10]

바가트 싱이 아직 학교에 다닐 무렵인 1915년 11월, 16일과 17일 이틀에 걸쳐 7명의 가다르 혁명가들이 영국에 의해 교살당한 1차 라호르사건이 펀자브를 흔들었다. 그중 카르타르 싱 사라바Kartar Singh Sarabha는 겨우 19세였다. 바가트 싱은 사라바의 희생에 깊이 감동받아 고무되었고 그를 '멘토이자 형제이자 친구'로 간주하여 언제나 사라바의 사진을 주머니에 넣고 다녔다. 1926년 3월 바가트 싱이 수크데

카르타르 싱 사바

브Sukhdev와 바그와티 차란 보라Bhagwati Charan Vohra와 함께 인도청년협
회Naujawan Bharat Sabha, NBS를 설립하고, 영국의 권위에 대한 공개적인 도
전의 의미로 사라바 초상의 베일을 벗기는 것으로 창립식을 시작했을
정도였다.[11] 이후 바가트 싱은 1928년 2월 〈찬드Chand(저항)〉지의 교수형
phansi 특집에 '순교자Shaheed 카르타르 싱 사라바'[12]라는 글을 기고하여
자신의 영감의 원천인 그에게 가슴 뭉클한 헌사를 바치기도 했다. 카
르타르 싱 사라바는 "외국인과 내국인을 막론하고 한줌도 안 되는 이
들이 서로 협력하여 노동자와 민중의 근본을 착취하는 한 우리의 투
쟁은 계속될 것이다. 이 길에 선 우리를 막을 수 있는 것은 아무것도
없다"라고 말했다. 이 말은 바가트 싱의 범상치 않은 삶에 여러 번 등

불이 되었다.

1차 세계대전이 끝날 무렵 가다르운동을 부활시키려는 직접적인 시도들이 있었으나 성공적이지는 못했다. 그러나 가다르 조직의 희생과 반제국주의 전망은 이념의 진보적 측면들을 더욱 분명히 구체화한 좌파그룹들이 대두할 수 있는 길을 마련했다.[13] 가다리트들 중 다수는 시크 개혁운동인 아칼리운동Akali movements과 바바르아칼리운동Babbar Akali movements에 참여하였고, 궁극적으로는 노동자농민당Workers' and Peasants' Party, WPP(좌파 성향을 공개적으로 드러낸 국민회의 내의 조직—옮긴이)과 공산당에 가입하였다.

질리안왈라 대학살(암리차르 학살사건)

국민회의 지도자들은 1차 세계대전 중에 영국을 지원하는 것으로 많은 정치적 권리를 보장받을 수 있을 것이라는 어리석은 희망을 품었다. 그러나 그 희망은 1919년 3월 식민지 정부가 가혹한 '혁명과 무정부주의 범죄에 관한 법안Revolutionary and Anarchical Crime Act'(롤럿법Rowlatt Act 으로 더 잘 알려져 있다—옮긴이)을 제정하고 시행했을 때 박살나버렸다. 이 법안은 '인도의 혁명운동과 관련된 범죄'를 저지하기 위해 재판 없이 투옥하는 것을 용인하였다. 이로써 전국 각지에서 광범위한 저항이 이어졌고 영국은 유례없는 잔혹함으로 이에 대응하였다.

1919년 4월 13일 암리차르Amritsar 시에서 벌어진 대학살은 온 나라에 충격을 주었다. 바이사키Baisakhi축제 기간 중에 잘리안왈라공원

Jallianwala Bagh에 모여 롤럿법의 철폐를 요구하는 평화 시위를 벌인 1만 명 이상의 남녀와 아이들에게 발포 명령이 내려진 것이다. '암리차르의 도살자' 다이어Dyer 장군의 명령 하에 천여 명의 무고한 이들이 목숨을 잃었다.

잘리안왈라 대학살은 펀자브에 계엄령이 시행되면서 이어진 것이었다. 계엄령 하에서 영국이 자행한 잔혹 행위에 대해 두트R. P. Dutt는 다음과 같이 서술하였다. "계엄령은 펀자브에서 선포되었는데, 테러 기간 동안 법원에서 자행한 총살형, 교수형, 공중 폭격, 특별형의 기록은 여전히 차후 조사가 필요할 정도로 불완전한 상태로 남아 있다."[14] 바가트 싱은 당시 12세의 학생이었고 이 끔찍한 사건들에 분노하였다. 학살 직후에 그는 잘리안왈라의 흙을 병에 담아 간직하며 식민지 지배자들의 야만성, 조국의 굴욕과 고통을 언제나 상기했다고 한다.*

아칼리들과 바바르들

아칼리운동과 바바르아칼리운동 같은 전설적인 희생 역시 바가트 싱을 고무시켰다. 아칼리운동은 사원의 수입을 방탕하게 사용하여 시크교도들에게 미움을 받던 마한트mahant(원래는 시크교도들을 돌보는 성직자이나 영국에 의해 힌두교도나 비시크교도들도 이 자리를 차지했다-옮긴이)들의

---

* 이 학살 이후 영국으로부터 귀족작위를 받았던 타고르는 작위를 반납함으로써 이에 항의하였다. 그러나 간디는 학살 직후 그 사건에 대해 아무런 항의도 하지 않겠다는 서신을 보내 영국의 관대한 후속 조치를 바랐고 인도 내의 불만을 잠재우고자 하였다. (출처: Suniti Kumar Ghosh(2007), *India and the Raj 1919-1947: glory, shame and bondage*. Sahitya Samsad.)

통제에서 구르드와라gurdwara(시크 구루들의 사원—옮긴이)를 해방시키는 것을 목표로 하였다. 이 영국 앞잡이들과 시크의 특권 계급이 된 자들도 멸시를 받았다. 영국에 대한 그들의 마름 노릇에 대해 1914년 10월 6일 아칼 타크트Akal Takht의 최고 제사장 아루르 싱Arur Singh은 "후캄나마 hukamnama(시크교에서 신 혹은 구루의 계시—옮긴이)에 따르면 영국에 의해 처형된 가다르 영웅들은 시크교도가 아니다"라고 표명하기까지 했다.[15] 농민 대중과 전직 군인들이 아칼리운동으로 결집한 덕분에 구르드와라는 1925년 마한트들의 핍박에서 해방될 수 있었다. 그러나 그 과정에서 400명이 사망하고 2000명이 상해를 입었으며 3만 명이 투옥되었다.[16] 아칼리운동은 구르드와라를 해방시키는 것에 국한되지 않았다. 운동 기간 중에 아칼리의 지도자들은 그들의 목표가 '더 큰 구르드와라', 즉 '인도'를 해방시키는 것이라고 선언했고, 이 과정에서 농민들 다수가 아칼리운동에 참여하기 시작했다.

바바르아칼리운동은 아칼리운동의 지류였으나 영국의 가혹한 압제에 의해 수면 위로 떠올랐다. 그들은 주로 제대 군인과 귀국한 이민자들, 가다리트들로 구성되었는데, 식민지배로부터 나라를 해방시키기 위한 길을 무력에서 찾았다. 주요 공격 목표는 경찰의 밀정과 영국에 충성하는 자들이었다. 많은 바바르 영웅들이 경찰의 손에 살해당했으며 일부는 교수대에 올랐고 다른 이들은 종신형을 선고받았다. 1926년에는 지도자들 중 6명이 처형되었다. 바가트 싱은 1926년 3월 15일 민족주의 신문인 〈프라탑Pratap〉의 논설에서 '펀자브의 한 젊은이Ek Punjabi Yuvak'라는 필명으로 조국을 위해 헌신한 바바르아칼리의 맹세와 그를 위한 희생에 대한 존경을 표현했다. "가족의 사랑도 포기한 이들이 맹세를 지킨 것은 얼마나 성스럽고 아름다운가! 희생의 목적은 어디에 있는가? 이 두려움을 모르는 용기의 한계는 어디에 있는가? 이상의 끝은 어디에 머무는가?"[17]

10월혁명과 그 영향

국제적으로 보면 1917년 10월에 일어난 러시아혁명은 이 시기에 가장 의미 있는 진전이었다. 러시아혁명은 제정 러시아의 계급 착취와 노예 상태에 있던 민중들을 해방시켰다. 최초의 사회주의 국가가 성립되면서 레닌은 식민지 지배 하의 민중들에게 공개적인 지원을 선언했다. 이는 전 세계 수백만의 노동자들과 민족 해방을 위해 싸우고 있던 이들을 고무시켰다. 러시아혁명의 승리는 특히 젊은 혁명가들과 식민지의 자유 투사들에게 지대한 영향을 미쳤다. 인도에서도 제국주의와 착취 계급이 타도될 수 있다는 확신을 불어넣어주었고, 독립에 대한 사회·경제적 내용이 논점의 전면에 부각되었다.

이외에도 바가트 싱을 포함한 혁명가들을 매료시킨 것은 마르크스주의였다. 10월혁명이 인도에 끼친 영향이 어느 정도였는지는 틸라크나 랄라 라지파트 라이 같은 부르주아 정치가들조차 공감을 표했다는 사실에서 알 수 있다. 1919년에서 1920년 사이에 발 강가다르 틸라크는 마하라시트라에서 〈케사리Kesari〉에 러시아혁명을 지지하는 많은 논설들을 실었다. 1919년 1월 31일 자치연맹Home Rule League이 주최한 미국의 만찬회에서 랄라 라지파트 라이는 다음과 같이 말했다. "나는 사회주의를 공부한 적도 없고 볼셰비키가 될 용기도 없다. 볼셰비키가 옳든 그르든…… 내게는 그것이 평범한 사람들의 목적을 이룰 수 있는 유일한 길로 보인다."[18]

인도에서의 붉은 깃발

러시아혁명이 인도의 자유 투쟁선언에 끼친 영향은 무하지르 muhajir(인도 무슬림의 언어인 우르두어를 말하는 사람들-옮긴이)들이 나라를 해방시킬 새로운 길을 찾아 사회주의의 땅으로 건너간 것, 그들이 마르크스주의자로 전향한 것, 그리고 인도공산당이 1920년 10월 17일 타슈켄트에서 창당한 것으로 알 수 있다. 국민회의 지도자들이 자치령만을 요구했던 1921년, 공산당은 인도의 완전한 독립의 기치를 높이 들고 해방 투쟁의 사회·경제적 문제를 제기하려고 노력했다. 그 내용이 담긴 선언문이 1921년 국민회의의 아메다바드 회기Ahmedabad Session에 참석한 대표자들에게 배포되었다.

국민회의가 노동자와 농민을 희생시키는 것을 멈추고 명확하게 높은 명분을 제시하면 노동자와 농민들의 신임을 얻을 수 있지만, 그렇지 않다면 상인과 공장주들의 물질적 번영을 추구할 뿐이다……. 만약 국민회의가 국가를 자신의 뒤에 두기를 원한다면 소수 계급의 이해에 눈멀지 말아야 하며, '사탄'인 영국을 대변하는

바가트 싱

'유능한 변호사들'(국민회의의 초기 구성원들은 영국에서 변호사 시험에 합격한 인도인들이었다—옮긴이)을 밀어내고 그 자리를 차지한 '상인과 공장주들'의 보이지 않는 손에 이끌리지 않아야 한다.[19]

인도공산당의 창당[*]은 혁명적 과업을 수행하던 전국 각지의 다양한 공산주의자 그룹의 등장과 마르크스주의의 보급에 의한 것이었다. 봄베이에서는 1922년 당게S. A. Dange가 이끄는 그룹이 등장하여 〈소셜리스트The Socialist〉라는 매체를 발행했다. 캘커타에서는 무자파르 아마드Muzaffar Ahmad가 이끄는 그룹이 〈가나바니Ganavani〉를 발행했다. 바나라스Banaras에서는 샤우카트 우스마니Shaukat Usmani가 공산주의자 그룹을 조직했다. 그리고 굴람 후세인Ghulam Hussain은 라호르에서 조직을 만들고 〈인퀼랍Inquilab〉을 발행하였다.

이러한 그룹들은 펀자브에서 가다르운동과 연계를 가지고 만들어졌다. 그중 돋보이는 이는 가다르 조직의 일원인 산토크 싱Santokh Singh이었다. 그는 미국에 있을 때 마르크스주의자가 되었으며, 그와 그의 동지인 라탄 싱Rattan Singh은 1922년 11월 모스크바에서 개최된 코민테른Comintern(공산당 제3 인터내셔널)의 4차 대회에 참석했다. 산토크 싱은 인도에 귀국한 뒤 체포되었다. 그는 1925년 칸푸르 공산주의자 회의에 참석한 후 1926년 2월 펀자브어로 된 첫 번째 공산주의 매

---

[*] 인도공산당이 1920년에 창당되었다는 것은 인도공산당에서 분리된 인도공산당(마르크스주의)의 주장이다. 인도공산당은 1920년에 공산당을 창당한 이들이 대중과 전혀 결합하지 못했고, 이후 당을 이끌어갈 인물이 없었다는 이유로 인도공산당이 1925년에 창당되었다고 주장한다.

체인 〈키르티Kirti〉를 발행했다. 싱가라벨루 체티야르Singaravelu Chettiyar 는 마드라스에서 마르크스주의 그룹을 조직하고 〈레이버 키산 가제트 Labour Kisan Gazette(노동자농민신문)〉를 발행했다. 국외에서 발행된 〈뱅가드 오브 인디아Vanguard of India〉(1922~1924)와 〈매시스 오브 인디아Masses of India〉(1925~1927)는 불법적으로 인도 전역에 배포되었다. 이런 선전 활동 외에도 젊은 공산주의자들은 노동조합과 민족주의운동에 매우 활동적이었다. 노동조합운동이 성장함에 따라 1920년 최초의 전국 노동조합 총동맹인 전인도노동조합회의All India Trade Union Congress, AITUC가 창립되었다. 공산주의자들은 노동조합 내부에서 활발하게 움직였다.

이런 선각자들의 활동 이외에도 1922년부터 1924년까지 있었던 페샤와르Peshawar 공모사건*과 1925년 칸푸르Kanpur 공모사건**의 예에서 보듯 무하지르들과 소련에서 돌아온 공산주의자들에 대한 박해는 반란 사건이라는 명분 하에 이루어졌다. 탄압의 대상은 군사 훈련을 받고 인도 독립 투쟁에 대한 지원을 요청하기 위해 카불Kabul(아프가니스탄의 수도)을 거쳐 소련으로 건너간 무하지르뿐 아니라, 공산주의 이념과 정치학에 통달하기 위해 타슈켄트의 학교와 모스크바에 있는 코뮤니스트 대학에 간 무하지르들도 포함되었다. 혁명가들을 탄압하는 공모사건이 총 다섯 건 일어났고 그 중 10명 남짓한 이들이게는 혹독한 징역형이 선고되었다. 부르주아 지도자들은 해방 투쟁에서 소위 공모에 의

---

* 소련에서 들어온 이들이 러시아식 혁명을 도모한다는 죄명으로 다섯 차례의 체포와 재판이 있었는데 이를 묶어서 페샤와르 공모 사건이라고 칭한다.
** Kanpur Bolshevik Conspiracy Case라고도 부르며 볼셰비키혁명 사상을 전파하는 것을 죄명으로 체포하였다.

바가트 싱

해 이루어진 일련의 사건들과 재판 조작들을 공식적으로 인정하지 않고 있었다. 로이M. N. Roy와 코민테른의 항의가 있었을 뿐이다. 칸푸르 공모사건은 공산당을 키우려는 지도자들을 겨냥한 것이었다. 그들을 잡아들여 기소한 주된 이유는 "로이의 통제 하에 공산당 인터내셔널(코민테른)로 알려진 혁명 조직에 속해 있는 자들이 그 지부를 인도에 세우려 한다는 것과 인도에서 대영제국의 주권을 탈취하려는 것"[20] 때문이라고 표현되었다. 이와 같은 일련의 공산주의 사건들이 미친 영향은 바가트 싱과 동지들이 1920년대 후반 확고한 마르크스주의운동을 벌여나간 데서 분명히 알 수 있다.

바가트 싱은 아주 어린 시절부터 고통받고 압정에 신음하는 자들에 대한 공감을 키워 갔다. 그의 당파성을 알 수 있는 첫 징조는 1921년 11월 14일 그가 할아버지에게 쓴 편지에서 볼 수 있다. 만 14세였던 바가트 싱은 편지에서 철도 노동자들의 파업을 언급하면서 곧 해결되기를 바란다고 했다. 앞서 언급한 이념적 영향은 어린 시절의 당파성을 개발하고 강화하는 데 도움이 되었다.

새로운 이상을 향하여

바가트 싱은 1923년 틸라크 정치대학Tilak School of Politics*에 입학하면서 민족해방과 통일을 목표로 유럽에서 일어난 다양한 전쟁들과 새로운

---

* 내셔널 칼리지 라호르(National College Lahore)로도 알려져 있다.

이상들을 접하게 되었다. 이 대학은 학생들의 민족주의 교육을 위해 랄라 라지파트 라이를 포함한 설립자들이 명확한 목적을 가지고 만든 곳으로 '영국 지배의 축복Naymat-e-Hukumat-e-Bartania'을 번지르르하게 꾸며서 주입하는 정부가 운영하는 대학들과는 달랐다. 총장이었던 랄라 치빌 다스Lala Chhibil Das는 다음과 같이 회고한 바 있다.

> 손에 책이 없었다. 선생들이 도서관에서 책을 골라 학생들에게 관련 부분을 나누어 주었다. …… 내셔널 칼리지에서 우리는 주세페 마치니Giuseppe Mazzini와 주세페 가리발디Giuseppe Garibaldi에 대해 논하곤 했다. 우리는 아일랜드의 에이먼 데벌레라Eamon De Valera의 신페인당운동*이나 러시아혁명, 그리고 또 다른 운동들에 대해서 논하곤 했다.[21]

바가트 싱은 질릴 줄 모르는 독서광으로 책을 읽을 수 있는 기회를 최대한 많이 가지려 했고 그 책들이 알려주는 사상을 빠르게 흡수하였다. 독서는 그를 고무시켰고 애국적인 결의를 더 굳건하게 해주었다. 이것이 단순한 지식인의 자각이 아니라는 것은 1923년 집에서 그에게 결혼을 하라는 압박이 들어왔을 때 입증된다. 그는 아버지에게 다음

---

* 신페인(Sinn Fein)은 게일어로 '우리'라는 의미다. 신페인당은 1918년 선거에서 106개의 의석 중 76석을 확보하여 의회의 최대당이 되었다. 하지만 영국은 대통령인 에이먼 데벌레라와 내각을 무력으로 붕괴시키려 했다. 이에 데벌레라는 피신하지 않고 체포되어 아일랜드인의 대중적 저항을 이끌어내고자 했다. 이후 의회가 승인한 아일랜드공화국군(IRA)은 마이클 콜린스를 수장으로 1919년부터 1921년까지 독립 전쟁을 벌였다. 죽음을 불사한 아일랜드인들의 무장 투쟁은 마침내 결실을 맺어 1932년 영국은 아일랜드 땅에서 완전히 물러나게 되었다.

과 같은 편지를 남기고 집과 학교를 떠나 칸푸르_{Kanpur}로 피해버렸다. "저의 인생은 이미 숭고한 대의에 바치기로 되어 있습니다. 인도의 자유를 위한 대의입니다. 저는 안락이나 세속적 욕망에는 아무런 흥미가 없습니다."[22]

비협력운동, 국민회의, 타협

바가트 싱이 칸푸르에 도착했을 때는 이미 간디가 비협력운동을 철회한 뒤였다. 간디는 '1년 안에 스와라지를'이라는 구호 아래 비협력운동을 시작하기 전에 벵골을 방문하여 혁명가들에게 그들의 활동을 1년간만 멈춰 달라고 요청했다. 혁명가들은 간디의 제안을 받아들였다. 비협력운동에 대한 요청은 특히 농민들로부터 압도적인 호응을 받았다. 수백만의 민중들이 영국의 지배에 반대하였다. 1857년 이후 처음으로 농민들 다수가 투쟁에 나섰다. 세금, 소작료, 지주에 의한 퇴거 등 급박한 농업 쟁점들이 독립을 위한 투쟁과 결합하였다. 국민회의는 무슬림 대중 다수로부터 지지를 받았던 킬라파트운동_{Khilafat Movement}*을 지원하였고 그 결과 투쟁 과정에서 주목할 만한 힌두-무슬림 연합의 성과가 나타났다.

이와 같은 운동의 확산은 영국 정부를 불안하게 했을 뿐 아니라 국

---

* 이슬람 수니파의 중심이었던 터키의 최고 군주제인 칼리프가 영국에 의해 폐지되자 인도에서 이를 재건하고자 하는 운동이 일어났다. 이는 국민회의와 힘을 합쳐 반제국주의운동의 커다란 강물이 되었다. 간디는 시민불복종운동을 중단하면서 사전 협의 없이 협력 관계를 일방적으로 차단하여 무슬림들에게 그동안 이용만 당했다는 배신감을 안겨주었다.

민회의 고위 지도자들에게도 공포심을 불러일으켰다. 국민회의 지도자들은 늘 대중들이 일정한 한도를 넘어선 투쟁에 나설까봐 경계했다. 그러던 중 1922년에 차우리 차우라Chauri Chaura 사건이 일어났다. 제국주의와 지주제에 대항해 싸우던 차우리 차우라의 농민들 중 다수가 경찰의 총에 맞아 죽은 것이다. 이에 대한 보복으로 농민들은 경찰들이 도망가 숨은 지역의 파출소를 불태웠고 그 과정에서 경찰 22명이 사망했다. 간디는 아힘사ahimsa(비폭력)라는 그의 원칙 위반을 이유로 비협력운동을 철회하고 정계 은퇴를 발표했다.

1922년 2월 12일 바르돌리Bardoli에서 열린 국민회의 운영위원회는 공식적으로 비협력운동을 철회하는 결의안을 통과시켰다. 그 이유들 중 인용할 만한 가치가 있는 것들은 다음과 같다.[23]

1항 운영위원회는 차우리 차우라의 폭도들이 야만스럽게 경찰관들을 살해하고 주제넘게 경찰서를 불태운 비인간적인 행동에 애통함을 표한다.

2항 대중불복종운동이 시작되었을 때 언제나 폭력 사태가 일어났다는 것은 이 나라가 비폭력 상태가 아니라는 것을 가리킨다. 국민회의 운영위원회의 결의는…… 대중 불복종은 중지되어야 하며 지역 국민회의위원회는 경작자들이 정부에게 소작료와 여타 세금을 내고 공격적인 행동을 중지할 것을 권고한다.

6항 농민들이 지주에게 소작료를 내지 않는 것은 국민회의의 결의에 어긋나는 것이며 나라의 이익에 크게 해를 끼치는 것임을 국

바가트 싱

민회의 활동가들과 조직가들에게 알릴 것을 권고한다.

　7항 국민회의의 운동은 지주들의 법적인 권리를 공격할 의도가 전혀 없으며, 설령 소작인들이 불만이 있더라도 상호 간의 협의와 중재에 의해서 재조정하기를 바란다.

이것이 바로 민족 부르주아 지도자들이 지주들과의 결탁을 지키기 위해서 농민혁명의 유령을 가라앉히는 방법이었다.[24] 식민지배의 혐오스러운 상징인 경찰서를 공격한 '죄목'으로 차우리 차우라의 농민 172명은 사형을 선고받았고, 최종적으로 피의자들 가운데 19명이 교수형을, 나머지는 종신형을 선고받았다. 이런 대규모 보복은 간디의 비폭력 사상에 따른 비협력운동의 철수가 운동을 소강상태로 몰고 갔기에 가능했던 것이다. 국민회의 쪽에서는 이런 사실을 완전히 숨겨왔지만 이후 네루조차도 간디의 결정이 대부분의 국민회의 지도자들까지 분노하게 했다고 적은 바 있다.[25] 쉬브 베르마는 비협력운동의 철회로 혁명가들이 받았던 배신감을 아래와 같이 요약했다.

　차우리 차우라보다 많은 수천 개의 우발적인 사건들을 받아들이는 대신에 (간디는) 조용히 그의 뜻대로 운동을 철회하고 정치에서 은퇴하였다. 이것이 간디의 요구에 따라 무기를 내려놓았던 혁명가들이 다시 조직 건설에 들어가고 무기를 잡기로 한 배경이었다.[26]

부르주아 민족주의의 한계

이 지점에서 민족해방 투쟁에서 국민회의 지도자들의 성격과 역할, 한계에 대한 비판이 있어야 할 것이다. 성장하고 있는 부르주아들과 그들의 전략·전술을 대표하는 국민회의는 자유 투쟁 기간 동안 철저하게 그들의 이익을 추구하는 쪽으로 움직였다. 인도에서 새로 등장하고 있던 부르주아들은 유럽의 부르주아들과 본질적으로 달랐다. 유럽의 부르주아들은 그들이 원하는 나라를 만들기 위해 봉건주의에 맞서 싸워야만 했다. 물론 프랑스혁명이 가장 극적인 사례겠지만 다른 나라에서도 유사한 과정이 다양한 수준으로 일어났다. 그러나 인도에서 부르주아는 식민지 지배라는 맥락에서 형성되었고 봉건주의 국가권력은 이미 영국의 손에 파괴되어 있었다. 따라서 인도 부르주아들이 계급적으로 자신들을 강화하고 우월한 위치를 확보하기 위해서는 봉건주의보다 제국주의와 경쟁해야 했다. 또한 유럽 부르주아들이 소생산자, 소자산가, 기능공, 장인 등의 직업군에서 성장한 반면, 인도 부르주아들은 무역상, 상인, 고리대금업에 종사하는 이들로부터 나왔다. 인도 부르주아들은 결코 봉건제를 박살내길 원치 않았고 농업에서 기득권에 묶여 있었다. 그들은 지주제의 철폐를 원치 않았음은 물론 급진적인 농민과 혁명을 가장 두려워했다.

제국주의자들은 인도 시장을 영국 상품만으로 유지할 것을 지시했다. 그렇지만 인도 시장에 영국 상품만을 공급하는 것은 가능하지도 않았고 이윤도 없었기 때문에 토착적인 근대 산업을 제한적으로나마

바가트 싱

허락하게 되었다. 이것은 인도 자본가 계급의 등장에 박차를 가했다. 이처럼 제한적이나마 인도의 자본가 계급이 성장함으로써 산업 발전의 제한을 철폐하려는 이슈와 인도 시장 통제를 중심에 둔 식민지배의 이해관계가 충돌하게 되었다. 자본가 계급은 자신들의 이해관계를 충족시키기 위해서 보다 많은 정치적 권리를 얻어낼 필요가 있다는 것을 자각하기 시작했고, 자본가 계급의 정치적 대변자였던 국민회의는 차츰 영국과 충돌하게 되었다. 그러나 이 충돌은 타협적인 성향을 동반하고 있었다.

인도 해방운동의 역사는 식민지 지배에 항거하여 일어난 대중들의 투쟁을 국민회의가 영국과 타협하려는 관점에서 중단시킨 사례들로 가득 차 있다. 간디와 그의 사도들에 의해 제기된 비폭력운동의 정책은 이 과정에서 아주 긴요하게 쓰였다. 간디에게 비폭력주의란 그가 주장한 것처럼 추상적이고 도덕적인 관념이 아니었다. 이는 부르주아들이 수용할 수 있는 한계 내에서만 해방 투쟁을 유지시키는 유용한 계급적 무기였다. 지금 이야기하는 것은 간디 개인에 대한 비판이라기보다 민족주의 부르주아가 제국주의 부르주아에 비해 상대적으로 취약했기 때문에 제국주의와 타협하려는 성향을 지니고 있었으며, 제국주의자들만큼이나 대중운동에 대한 공포를 가지고 있었다는 것을 강조하는 것이다.* 국민회의는 봉건 세력이 제국주의 지배의 내부 보호막

---

* 간디가 혁명가들의 운동은 대중운동이 아니라고 하자 혁명가들은 이렇게 답했다. "대중은 혁명을 위해 존재하는 것이 아니라 혁명이 대중을 위해 존재한다." (출처: S. Irfan Habib(2007), *To Make the Deaf Hear*, Three essays collective, p. 89.)

으로서 인구의 80퍼센트를 차지하는 농민을 억압하는 것을 알고 있었음에도 불구하고 외세에 대항하기 위해서는 모든 인도인이 단결해야 한다는 명분을 내세워 그들을 정당화하였다.

간디와 국민회의는 봉건주의와 직접적으로 대결하면 반드시 농민 대중이 집결하게 될 것임을 알고 있었다. 그렇게 되면 부르주아들의 민족해방 투쟁 헤게모니에 잠재적인 위협이 되는 공산주의 정당이 활동하게 됨으로써 사회적인 변화가 일어날 것이었다.

힌두 농민과 무슬림 농민이 광범위하게 단결하는 반봉건 투쟁들은 무슬림연맹Muslim League과 힌두 마하사바Hindu Mahasabha(당시 힌두 극우 민족정당. 인도인민당Bharatiya Janata Party, BJP의 기원으로도 볼 수 있다-옮긴이)와 같은 코뮤날리즘과 싸우고 코뮤날리즘으로 나라가 토막 나는 것을 막는데 가장 유효한 무기가 될 수 있었다. 그렇지만 부르주아들에게는 그들의 이익이 우선이었다. 그들은 반봉건 투쟁에 내재된 농민의 급진화라는 위험을 감수할 수 없었다. 공산주의 정당이나 바가트 싱과 같은 혁명가들은 이러한 부르주아들이 지도하는 민족해방 투쟁의 계급적 한계를 인식하기 시작했다.

비협력운동의 철회는 영국과 그 앞잡이들로부터 착취받고 있던 민중들을 극단의 분노와 혼란으로 몰고 갔으며 코뮤날 폭동이 전국 각지를 휘저었다. 무슬림연맹과 힌두 마하사바가 1923년에 부흥한 것이나 민족자원봉사단Rashtriya Swayamsevak Sangh, RSS이 1925년에 창설된 것은 우

B. K. 두트

연이 아니다. 사이먼위원회Simon Commission* 보고서에 따르면 1922년과 1927년 사이 전국 각지에서 112개의 주요 코뮤날 폭동이 일어났다고 한다.

　바가트 싱이 칸푸르에 도착했을 때 칸푸르는 이러한 역사적 배경 속에 있었다. 그는 부친의 친구인 가네쉬 샹카르 비댜르띠Ganesh Shankar Vidyarthi를 만났다. 비댜르띠는 국민회의의 유능한 지도자이자 민족

---

*　영국 정부는 인도통치법의 개혁을 목적으로 1927년부터 1929년까지 정치가 존 사이먼을 위원장으로 한 사이먼위원회(Simon Commission)를 조직해 인도의 자치 능력을 조사했다. 그런데 이 위원회에 인도인이 한 사람도 포함되지 않은 것을 계기로 인도 국민들의 격분을 사 반영운동이 일어나게 되었다. (실제로 1930년에 발표된 보고서와 1935년에 개정된 인도통치법의 내용은 개혁과는 거리가 있었다.)

신문인 〈프라탑〉의 발행인이었다. 그는 비록 간디주의자였지만 자신의 집을 사회주의자, 공산주의자 그리고 다른 혁명가들의 모임 장소로 제공했다. 여기서 바가트 싱과 그의 동지들—찬드라쉐카르 아자드 Chandrashekhar Azad, 바투케쉬와르 두트Batukeshwar Dutt(B. K. Dutt의 본명—옮긴이), 요게쉬 찬드라 차터지Jogesh Chandra Chatterji, 쉬브 베르마, 베조이 쿠마르 신하Bejoy Kumar Sinha 등—이 만나게 되었다. 그는 독서에 대한 갈증을 채우는 데 집중했지만, 그 외에도 혁명적 소책자를 만들어 배포하였고, 인도공화주의자협회Hindustan Republican Association, HRA의 회원이 되었다.

2장

아나키즘과
아나키즘을 넘어서

귀 먹은 자를 듣게 하라

Bhagat Singh

인도공화주의자협회와 카코리

비협력운동이 철회되고 바나라스Banaras 공모사건으로 종신형을 선고 받았던 사친드라 나스 산얄Sachindra Nath Sanyal은 풀려난 이후 전인도혁명가정당All-India Party of Revolutionaries을 설립하는 일에 착수했다. 인도공화주의자협회는 1923년 말에 결성되었고 바가트 싱은 1924년에 가입했다. 그해 12월 산얄은 '혁명가The Revolutionary'라는 제목의 인도공화주의자협회 선언문을 작성해 1924년 12월 31일과 1925년 1월 1일 밤 북인도의 주요 도시에 배포했다. 이 선언문에서 그는 조직된 무장혁명으로 외세의 지배를 퇴치하고 '인도연방공화국의 건국을 목표로 함'을 천명하였다. 또한 "인간에 의한 인간의 착취를 가능하게 했던 체제, 즉 철로를 포함한 여타 운송 수단들과 광산, 철강, 조선 등의 대형 산업들을 국유화할 것"을 공표하였다. 사적인 사업에 대한 협력체와 다른 나라들과의 협력을 지지하였으며, 종교 간의 조화를 맹세했다.[1] 그럼에도 불구하고 선언은 종교적 열정과 신비주의의 흔적이 있었다.

선언은 영국과 싸우는 데 테러리즘을 사용하는 문제에 대해 명확한 입장을 가지고 있었다.

> 정부의 테러리즘official terrorism은 그에 대항하는 또 다른 테러리즘을 만날 수밖에 없다. 어디에서도 도움을 받을 수 없는 영혼들이 사회의 모든 계층에 가득 차 있다. 테러리즘은 사회 고유의 영혼을 회복하는 유효한 수단이며 그것이 없다면 진보는 힘들 것이다. 더욱이 영국의 지배자들과 그 앞잡이들을 아무런 방해와 간섭 없이 원하는 대로 하게 두는 것은 결코 허용할 수 없다.

선언의 사회주의적 지향은 조직 구성으로 추진되었고 이 또한 1924년 산얄에 의해 준비되었다. 조직의 목표는 '농민과 노동자를 조직하는 것'이었다. "적합한 인력들이 참여해야 한다. …… 조직하라. 각 공장과 철로, 석탄 광산의 노동자들을 조직하라. 그들이 혁명을 위해 있는 것이 아니라 혁명이 그들을 위해 있다는 것을 그들의 가슴속에 스며들게 하라."

공화주의자협회는 식민지 지배를 상징하는 인물들에 대한 복수를 범주로 규정한 무장투쟁이 영국 제국주의를 몰아내는 주요한 무기라

바가트 싱

고 믿었다. 이들은 주로 중산층과 중하층 계급의 젊은이들로 구성되었는데, 이는 확고한 혁명이론의 부재不在와 함께 청년들을 혁명의 주요 세력으로 보는 시각을 가지게 했다. '노동자와 농민들은 혁명군이 되고 중산층 젊은이들이 그들을 지도한다'고 보게 된 것이다.[2] 바가트 싱 역시 비슷한 시각을 가졌던 것은 자연스러운 현상이었다.

공화주의자협회가 무기 확보를 위한 자금을 마련하는 데 채택한 방법 중 하나는 강도짓이었다. 1925년 8월 9일 공화주의자협회 혁명가들은 러크나우Lucknow 근처의 카코리Kakori에서 기차를 세우고 정부의 금고를 털었다. 이때 사고로 승객 한 명이 사망하자 영국 정부는 참가자 대부분을 체포했다. 람 프라사드 비스밀Ram Prasad Bismil, 아쉬파쿨라 칸Ashfaqullah Khan, 타쿠르 로샨 싱Thakur Roshan Singh이 1927년 12월 19일 교수형을 당했고 라젠드라 라히리Rajendra Lahiri는 그로부터 이틀 전에 교수형을 당했다. 나머지 두 명인 산얄과 조게쉬 찬드라 차터지는 종신형을 선고받았다. 오직 찬드라쉐카르 아자드와 쿤단 랄 굽타Kundan Lal Gupta만이 형의 집행을 피할 수 있었다. '카코리의 순교자'들은 전 인도에서 전설이 되었다. 람 프라사드 비스밀은 사형되던 날 다음과 같이 외쳤다.

우리는 다시 태어날 것이다. 그리고 다시 만나 어머니 조국을 위해 전장을 함께하는 동지들로서 다시 한 번 투쟁에 참가할 것이다.

칸은 사형 집행 전날 그의 조카에게 말했다.

람 프라사드 비스밀

너는 힌두들이 쿠디람Khudiram과 카나이랄Kanailal 같은 위대한 순교자의 영혼을 가지고 있다는 것을 기억해야 한다. 내가 무슬림인 것은 행운이다. 나는 이들이 간 길을 따라갈 수 있는 특권을 획득한 것이다.

이들이 교수대로 가면서 불렀던 노래는 독립 투쟁에서 고전의 목록이 되었다.

우리는 머리가 밑으로 숙여지는 죽음을 가슴속 깊이 기다려 왔네.
사형집행인의 팔 힘이 얼마나 센지 이제 알 수 있겠네.

바가트 싱

많은 동지들을 잃은 공화주의자협회는 아자드와 베르마 같은 이들의 노력에 의해 복구되기 시작했다.

카코리 습격이 있기 전인 1925년 초 바가트 싱은 라호르로 돌아갔다. 그는 그곳에서 정치 활동을 시작하여 공화주의자협회 라호르 지부를 세웠다. 그러나 체포를 피하기 위해 6개월간 델리에 머물러야 했다. 그는 그곳에서 일간지 〈비르아르준Veer Arjun〉의 작업에 참여하였다. 그리고 1925년 말 칸푸르에서 카코리 수감수들을 석방시키려는 시도에 참가했으나 실패한 직후 라호르로 돌아왔다.

인도청년협회(NBS)

국민회의에 대한 젊은이들의 환상이 깨진 것은 바가트 싱과 동지들—바그와티 차란 보라와 수크데브, 람 크리샨Ram Krishan—이 1926년 4월 전투적인 청년 조직을 설립하는 데 좋은 토대를 제공했다. 람 크리샨이 의장으로 뽑혔고 바가트 싱이 서기가 되었다. 보라가 작성하여 1928년 4월 6일 발행한 인도청년협회 선언문은 혁명가들 사이에서 사회주의 이념이 어떻게 성장하고 있는지를 보여주는 중요한 문서다.

> 새나라를 위한 미래의 강령은 이 표어와 함께 시작될 것이다. '대중을 위한 대중의 혁명', 이는 다른 말로 전 국민의 90퍼센트를 차지하는 대중을 위한 스와라지다. 스와라지는 대중에 의해서 대중을 위해서 획득해야 한다. 젊은이들은 대중에게 '다가올 혁명은

주인이 바뀌는 것이 아니라 그것을 넘어 새로운 질서의 탄생, 새로운 국가를 의미한다'라는 것을 이해시키고 그들을 일깨워야 한다.

선언문은 종교적 광신을 공격하였다.

종교적 미신과 광신은 우리의 진보에 큰 장애물이다. 모든 종교 공동체의 협소한 마음가짐은 언제나 외적에 의해 이용당해 왔다.[3]

인도청년협회는 바가트 싱과 동료들이 활동할 수 있는 유일한 대중조직이라는 면에서도 그 중요성을 찾아볼 수 있다. 베르마는 이를 혁명을 선동하는 '혁명운동의 열린 강단open platform'으로 묘사하였다. 그들은 대중 회합과 리플릿 배포, 여러 혁명순교자들의 초상을 마법 등불로 비추면서 이들의 삶과 혁명운동의 역사를 설명했다. 조직 결성의 목적은 두 가지로 '비밀조직이 활동할 수 있는 공간을 준비하는 것'과 '대중들에게 전투적인 반제국주의 감정을 일으키는 것'이었다.[4]

인도청년협회는 반제국주의와 사회주의 이념을 대중화시키는 데 중요한 역할을 했으며, 특히 펀자브와 신드 지방에서는 공화주의자협회가 사회주의공화국협회Hindustan Socialist Republican Association, HSRA로 바뀐 이후 오랫동안 지속되었다. 전투적인 인도청년협회의 정치적·정책적 측면은 국민회의의 패러다임에 반하는 것이었지만, 대중성을 갖추고 있었기 때문에 국민회의 지도자들조차 그들과 관계를 지속할 수밖에 없었다. 저명한 국민회의 지도자인 사인푸딘 키츠레우Saifuddin Kitchlew가 그들의 연단에서 연설을 했던 사실은 이를 방증하는 적절한 사례이다. 이는 차후 국민회의 내 사회주의 지향의 조직인 노동자농민당이 다른 공산주의 정당들과 교류할 수 있는 토대가 되었다.

인도청년협회 선언문의 사회주의적 지향은 민족해방운동 내에서 좌파 이념과 공산주의자들의 영향력, 노동계급을 조직하려는 시도들이 커져가고 있음을 반영하고 있었다. 전인도노동조합회의는 인도 최초의 노동조합 총연맹으로 1920년에 창립되었다. 그 영향력은 펀자브에까지 이르렀는데 가입한 64개 노조 중 13개 노조의 7만 253명이 펀자브인들이었다.[5]

바가트 싱은 소한 싱 조쉬Sohan Singh Josh를 통해 노동자농민당과 관계를 맺었다. 이 당은 영국의 공산주의 금지와 탄압 때문에 직면한 활동의 제약을 극복하기 위해 설립되었는데, 1926년부터 각 주에 생겨나기 시작해서 1928년에는 전국적인 면모를 갖추었다. 이 당은 펀자브에서 키르티키산당Kirti Kisan Party으로 알려졌으며 펀자브어 월간지 〈키르티〉를 발행했다. 바가트 싱은 키르티의 편집위원으로 조쉬와 1년 정도 함께 일했다. 조쉬와 그의 학교 교장인 랄라 차빌 다스Lala Chabil Das는 바가트 싱을 아나키스트에서 사회주의자로 변화시키는 데 큰 역할을 하였다.

영국이 카코리 공모사건으로 공화주의자협회를 분쇄하려고 한 이후, 칸푸르그룹은 아자드의 지도 아래 조직을 재건했다. 그는 굽타와 베르마, 베조이 쿠마르 신하, 자이데브 카푸르Jaidev Kapoor, 가야 프라사드Gaya Prasad 등의 지원을 받았다. 라호르그룹은 바가트 싱에 의해 지도되었고 보라와 수크데브, 키쇼리 랄Kishori Lal, 야쉬팔Yashpal 등으로 구

자이데브 카푸르

성되었다. 공화주의자협회 지도자들의 이념은 이 기간 동안 쇠퇴하지 않고 지속되었다. 베르마는 라호르의 조쉬와 칸푸르의 공산주의자들 인 라다 모한 고쿨지Radha Mohan Gokulji, 마우라나 하스라트 모하니Maulana Hasrat Mohani, 사티아바크타Satyabhakta가 사회주의로 향하는 데 중요한 역할을 했다고 기록했다.[6] 이외에도 공산주의에 반대하는 페샤와르 공모 사건과 칸푸르 공모사건 같은 정치적 전개, 각 주에서 노동자농민당의 결성과 1926년에서 1928년 사이에 공산주의자들이 지도한 노동 계급 의 대규모 파업 역시 젊은 혁명가들에게 영향을 주었을 것이다.

인도사회주의공화국협회(HSRA)

1928년 9월 8일과 9일 델리의 페로즈샤 코틀라Ferozshah Kotla 광장에서 열린 혁명가들의 회합은 당국의 탄압에 저항하기 위한 것이었다. 바가트 싱은 전 인도 혁명 정당을 조직하려는 목적으로 이 회합의 개최를 결정하고 다양한 그룹들을 불러 모았다. 그는 토론을 위하여 다음과 같은 제안을 했다.[7]

> A) 우리의 궁극적인 목표로 사회주의를 담대하게 말할 시간이 왔다.
> B) 정당의 이름은 우리의 궁극적인 목표가 무엇인지 민중들이 알 수 있도록 명확하게 바뀌어야 한다.
> C) 이 목표는 민중들의 요구나 정서와 직접적인 관계를 가진 실천을 해야 한다는 것이며, 사소한 경찰 인력과 밀정을 살해하는 데 우리의 시간과 에너지를 헛되이 사용해서는 안 된다.
> D) 자금은 정부를 통해 조달해야 하고 가능한 사적 재산은 피해야 한다.
> E) 집단지도의 원칙은 철저하게 유지되어야 한다.

이틀에 걸친 상세한 토론을 마친 후 이 제안들은 다수결로 받아들여졌다. 공화주의자협회의 이름은 사회주의공화국협회로 바뀌었다. 바가트 싱은 이념 활동을 맡았고 찬드라 쉐카르가 최고 의장이 되었다.

랄라 라지파트 라이

　이때 바가트 싱이 제안한 것들은 주목할 만하다. 그는 사회주의에
대한 공개적인 당파성 이외에 테러리즘으로부터의 전환을 주장했다.
영국과 싸우기 위한 일반적인 수단으로 개인적 테러리즘을 대중의 관
심과 연결시켜 그 효과를 극대화하고 하급 공무원과 끄나풀들을 살해
하는 것으로는 사람들을 고무시키기에 충분하지 않았다. 사회주의공
화국협회의 선언문은 이 회합 이후에 보라가 적은 것으로 사회주의에

대한 선호가 나타나 있지만 다른 중점 사항들은 명시되지 않았다. 이는 아마도 사회주의공화국협회가 합법적 대중 조직이기에 비합법적 모임의 결정 사항을 공개적으로 명시할 수 없었던 전술적인 선택이거나 선언문을 작성한 개인의 시각 때문일 수 있다.

1928년 12월 10일 사회주의공화국협회는 많은 논의 끝에 라호르 경찰서장인 스코트Scott를 살해하여 랄라 라지파트 라이의 복수를 하기로 결정했다. 랄라 라지파트 라이는 사이먼위원회에 반대하는 시위 도중 스코트가 내린 명령에 의해 경찰의 몽둥이세례를 받고 한 달만에 죽었다. 혁명가들은 랄라 라지파트 라이가 정치에서 손을 떼고 코뮤날적인 입장을 취하는 것(틸라크 등이 시작한 암소보호운동 등을 통해 힌두 민족주의를 고취하는 것을 의미함—옮긴이)에 매우 비판적이었지만, 그의 죽음은 민족적 모독이기에 복수를 해야 한다고 믿었다. 그러나 1928년 10월 17일 바가트 싱, 라지구르Rajguru, 보라, 아자드는 부서장인 사운더스J. P. Saunders를 스코트로 잘못 알고 살해했으며, 그 와중에 경찰 한 명도 총을 맞고 죽었다.[8]

바가트 싱에 의해 초안이 작성된 성명이 1928년 12월 18일과 19일 라호르 곳곳에 붙여졌다. 사회주의공화국협회는 사운더스 사망의 정당성에 대해 다음과 같이 언급했다.

사운더스는 죽었다. 랄라 라지파트 라이는 복수했다. …… 인도 젊은이와 성인들은 국민들에게 충격을 주어야 할 의무를 부여받았다. 세계에 인도가 여전히 살아 있음을 알게 하자. 젊은이들의 피는 완전히 식은 것이 아니고 민족의 명예가 위기에 처해 있다면 여전히 목숨을 바칠 수 있다. 이것은 박해받고 모욕당하고 그들의 동족에게까지 비난받았던 누군가의 행동에 의해 증명되었다. …… 죽은 이에게 대해서는 유감스럽다. 그러나 그는 너무나 잔혹하고 천박하고 그 토대가 폐지되어야 하는 제도를 대표하는 이로서 죽었다. 또한 인도의 영국 당국, 전 세계 정부 중 가장 독재적인 정부의 대리인으로서 죽었다. 사람의 피가 흐르게 된 것은 유감스럽다. 그러나 혁명의 제단 위에서 개인들의 희생은 모든 이에게 가져다 줄 자유, 인간에 의한 인간의 착취를 불가능하게 만들기 위해서는 피할 수 없다.[9]

이후 바가트 싱은 영국 당국에 체포되는 것을 피하기 위해 변장한 후 캘커타로 피신했다.

귀 먹은 이를 듣게 하려면

바가트 싱의 잠수생활은 짧게 끝났다. 1928년에서 1929년까지의 조직된 노동조합 활동과 큰 규모의 전투적인 파업은 영국 정부를 놀라게 했다. 영국정부는 이를 노동자와 젊은이, 학생들 사이에 공산주의의 영향력이 성장하고 있는 것으로 정확하게 인식하였다. 공산주의, 좌파와 노동계급운동을 분쇄하기 위해 정부가 중앙의회에 공중안전법Public Safety Bill과 쟁의조정법Trade Dispute Bill이라는 두 가지 법안을 도입하기로

보라와 그의 아내 두르가 바비(Durga Bhabi)

두르가 바비는 바가트 싱이 캘커타로 탈주했을 때 그의 아내로 위장하여 탈출을 도왔다. 탈출을 돕는 것은 위험하기도 했지만 당시 인도에서 결혼한 여자가 외간 남자와 같이 길을 떠난다는 것은 개화된 여성혁명가였기에 가능한 일이었다. 그녀는 보라의 사망 이후 조직의 모임을 이끌었고 독립 이후에는 빈민 아이들을 위한 학교를 운영했다.

수쉴라 디디(Sushila Didi)
사회주의공화국협회의 열정적인 회원으로 라호르에서 조직 관리를 맡았으며 바가트 싱의 캘커타 잠수 생활을 도왔다. 1931년 봄베이에서 테일러 상사를 테러하고 탈출했다. 독립 이후에는 뉴델리에서 사회봉사활동에 전념하였다.

한 것은 놀랄 일이 아니다. 전자는 인도나 토후국Princely State(영국에 협력하여 봉건 왕족의 지위를 유지하고 있는 소규모 국가들로 독립 직후에도 500여개나 되었다−옮긴이)의 국민이 아닌 이들을 겨냥하고 있었다. 이로써 총독은 인도에 있는 영국과 외국의 공산주의자들을 몰아낼 수 있는 권력을 가지게 되었다.* 두 번째 법안은 노동자들의 노동조합에 관한 권리를 빼앗기 위한 것이었다.

바가트 싱은 경각심을 가지고 사회주의공화국협회가 이에 저항해야 한다고 느꼈다. 그의 발의에 의해 조직의 중앙위원회가 소집되었고, 바가트 싱과 두트가 저성능의 폭탄을 중앙의회에 던져 정부의 행동에 항의하는 것으로 최종적인 결정이 내려졌다. 또한 폭탄을 던진 후 도망가는 것이 아니라 잡혀가서 재판정을 조직의 관점에서 선동의 장으로 이용하자는 것이었다. 이 결정에 따라 바가트 싱과 두트는 중앙의회에서 쟁의조정법이 통과되자마자 폭탄을 던지고 입법에 반대하는 리플릿을 뿌렸다. 그리고 저항 없이 체포되었다.

중앙의회에 던져진 사회주의공화국협회의 리플릿은 프랑스 내각에 폭탄을 던진 아나키스트 발리앙Auguste Vaillant의 말인 "귀 먹은 이를 듣게 하려면 큰 목소리가 필요하다"로 시작하면서 아래와 같이 이어진다.

> 정부는 우리에게 공중안전법과 쟁의조정법 같은 새로운 압제의 방법을 강요하고 있다. …… 합법적 공간에서 활동하는 노동 지도자들을 무차별하게 연행하는 것은 바람이 어디로 부는지 정확히 알려준다. 극단적인 도발을 일으키는 상황에서 사회주의공화국협

---

* 제국주의 내에서 식민지의 민족해방을 바라던 정당은 공산당 외에는 없었다. 프랑스령인 퐁디셰리에서는 프랑스 공산당이 활동하였고 인도 전역에서는 영국 공산당원들이 인도의 민족해방 투쟁을 도왔다.

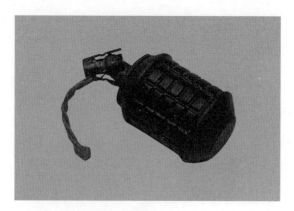
당시 혁명가들이 사용하던 수제 폭탄

회는 …… 그 군대에 특별한 행동을 하도록 결정하고 명령을 내렸
다. 이 행동은 굴욕적인 광대극과 외세 관료 착취자들이 원하는
대로 하는 것을 멈추고 적나라하게 대중 앞에 나오게 하기 위함이
다. 민중의 대표들은 그들의 선거구로 돌아가 다가오는 혁명을 대
중에게 준비하게 하라. 그리고 공중안전법과 쟁의조정법 어디에도
기댈 데 없는 민중을 대표하여 랄라 라지파트 라이에 대한 냉혹한
살인에 저항하라. 사람을 죽이기는 쉬워도 그 이상ideas은 죽일 수
없다는 역사의 교훈을 정부가 알게 하라. 거대한 제국들은 무너졌
지만 이상들은 살아남았다. 부르봉왕조와 차르는 혁명이 승리를
구가하면서 무너졌다.[10]

민주주의와 노동조합의 권리를 방어하기 위한 항거는 1929년 3월
20일 31명의 공산주의자와 노동운동 지도자들이 선동과 입당을 죄목

바가트 싱

으로 체포된 미루트Meerut 공모사건(1929~1933)의 배경이 되었다.

미루트 공모사건

1929년 4월 바가트 싱의 수감에서부터 1931년 3월 순교까지의 기간
은 미루트 공모사건의 전반부와 일치한다. 미루트 죄수들에게 내려진
죄목은 영국이 얼마나 공산주의를 위험한 것으로 간주하고 있었는지
를 알 수 있게 해준다. 기소장은 '모든 나라(인도를 포함해서)의 현존하는
정부를 완전히 마비시키고 전복하는 것을 목적으로 총파업과 무장봉
기를 수단으로 하는' 공산당 인터내셔널에 대해 언급하면서 시작한다.
이러한 목표를 달성하기 위해서는 '자본과 노동 사이의 적대심을 자극
하는 것 …… 파업, 업무 중단hartal, 선동 …… 대중 연설, 문건, 신문
을 통한 선전 …… 정부에 증오를 일으키는 어떠한 운동이라도 활용하
고 종용하는 것'이 필요하다. 공산주의 지도자인 당게, 무자파르 아마
드Muzaffar Ahmad, 사우카트 우스마니Shaukat Usmani는 '영국령 인도에서 폐
하의 통치권을 찬탈하기 위한 목적으로' 공산당 인터내셔널에 가입하
여 인도에 지부를 창설했다는 죄목으로 구속되었다.[11]
또 미루트 피고인들 중 공산주의자들이 법정에서 한 행동을 언급하
는 것이 적절할 것이다. 칸푸르 공모사건에도 기소되었던 무자파르 아
마드는 이를 회상하여 다음과 같이 말했다.

우리 고소된 공산주의자들은 이념을 전파하기 위해 미리 학습

하고 준비하여 재판정을 정치 토론장으로 전환시킬 그날의 진술을 결정했다. 각 개인이 할 말 이외에도 모든 피고인과 고소당한 공산주의자가 할 일반 진술까지 모든 것이 결정되었다.[12]

미루트 피고인들 중 18명의 공산주의자들의 일반 진술은 그들이 대변하는 명확한 이념을 전달한다. 이 진술은 다음과 같은 대담한 주장으로 시작된다.

> 이 사건은 정치적·역사적으로 중요성을 가진다. 이는 31명의 범죄자에 대한 평범한 사건이 아니라 계급투쟁에 관한 사건이다. …… 우리는 궁극적으로 인도 내에서 프롤레타리아 혁명이 일어날 것을 믿어 의심치 않는다. …… 우리 모두는 확신한다. …… 인도와 같은 식민지 국가에서 프롤레타리아 혁명은 부르주아 민주주의 혁명의 본질 속에 있게 될 것이다.[13]

일반 진술에서 공산주의자들은 영국 지배의 전복과 완전한 독립, 사회주의 인간해방의 쟁취를 선언했다. 친제국주의 언론들은 재판 과정을 보도하지 않았다. 더욱 놀라운 것은 민족주의 언론들까지도 정식 발표를 금지하려고 했다는 것이다. 정확히 말하면 공산주의자들의 '선동적인' 이념에 대한 일반적인 공포가 있었던 것이다. 그럼에도 불구하고 미루트 사건은 완전히 검열에 가려지지 않았고, 광범위한 대중들을 마르크스-레닌주의에 끌어들였다.

96

뚜렷해진 혁명

1929년 중반 사회주의공화국협회의 대다수 지도자들은 감옥에 있었다. 이는 그들에게 독서와 토론을 통해 사고를 풍부하게 하고 과거 활동을 평가할 수 있는 기회를 주었다. 이 과정에서 바가트 싱과 동료들은 사회주의와 마르크스주의에 더 가까이 가게 되었고, 노동 대중들이 권력을 쥔 국가구조로 영국 식민지배의 전복을 쟁취해야 한다는 신념이 강화되었다. 이는 1929년 6월 6일 의회 폭발사건 관련 법정에서 아사프 알리Asaf Ali가 대신해서 읽은 바가트 싱과 두트의 진술에 반영되었다.

우리가 의미하는 혁명에 의해 불의에 기반을 둔 기존 질서가 바뀌어야 한다. 생산하는 이들, 즉 노동자가 사회의 대부분을 차지함에도 불구하고 그들은 착취자에 의해 노동의 열매와 가장 기본적인 권리까지 빼앗기고 있다. 한편에서는 곡물을 키우는 농민들이 가족과 함께 굶주리고 있고, 세계 시장에 직물을 공급하는 직공들은 그와 그 아이들의 몸을 덮을 것도 구할 수가 없다. 웅장한 건물들을 건립하는 벽돌공과 대장장이와 목수들은 빈민가에 살면서 죽어가고 있다. 다른 한편에서는 자본가 착취자들, 변덕에 따라 수백만 루피를 흥청망청 써버리는 사회의 기생충이 있다. …… 이런 상황은 영원히 지속될 수 없을 것이다. …… 근본적인radical 변화가 필요하다. 이를 깨달은 이들이라면 국가를 사회주의에 기반하도록

옥중에서 아버지와 함께 있는 바가트 싱
부자는 모두 독립운동에 참여했지만 아버지는 시크교도로 터번을 쓰고 있고 아들인 바가트 싱은 코뮤날리즘을 거부하기 위해 터번을 벗었다.

재조직하는 것이 의무이다. …… 프롤레타리아의 주권을 인식하고, 자본주의의 노예와 제국주의 전쟁의 비참함에서 벗어나 인간성을 회복해야 한다.[14]

실제 바가트 싱이 옥중 노트를 포함해서 이 시기에 적었던 모든 글들은 그와 동지들의 마르크스주의에 대한 공감이 커져가고 있음을 반영한다.

사회주의공화국협회의 선언과 '폭탄의 철학'

바가트 싱과 사회주의공화국협회의 여러 지도자들이 감옥에 있는 동안 보라에 의해 작성된 선언문이 1929년 12월 국민회의의 라호르 회기에서 광범위하게 배포되었다.

우리 협회는 인도에서의 혁명을 위해 조직된 무장 반역의 수단으로 조국을 외국의 지배로부터 해방시키기 위해 존재한다. …… 혁명은 절대 살인과 방화를 생각 없이 저지르는 활동이 아니다. 여기에서 폭탄을 던지고 저기에서 총을 쏘는 것도 아니다. 모든 유물들을 파괴하고 정의와 평등의 고귀한 원칙을 파괴시키는 것도 아니다. 혁명은 절망의 철학도 아니고 무법자들의 교리도 아니다. …… 새로운 것과 낡은 것 사이에서 영원히 지속되는 충돌의 지표로 살아있는 세력이다. …… 우리는 폭력을 믿는다. 그러나 이는 고귀한 목적을 위한 수단으로 이용되었을 때이다. …… 프롤레타리아의 희망은 …… 현재 완전한 독립의 쟁취와 사회적 특권과 차별을 제거할 수 있는 사회주의에 집중되어 있다.[15]

이 선언은 간디가 설교하는 비폭력이 나라를 해방시키는 유일한 수단이라는 것을 거부했다. 조직되고 무장된 반역이 어떤 형태로 드러날 것인지는 구체적으로 서술하지 않았다. 가장 주목할 만한 것은 앞서 공화주의자협회에서 발표했던 선언에 나타난 종교성과는 명확한 단절을 이루었다는 것이다.

사회주의공화국협회의 또 다른 중요한 문서는 '폭탄의 철학'이다. 이 문서는 사회주의공화국협회가 생산한 문건 중 가장 완성도가 높다. 이는 보라가 아자드와 토론을 거쳐 1930년 1월 작성한 것으로 간디가 운영하던 잡지 〈영인디아Young India〉에 실은 논설 '폭탄 숭배The Cult of Bomb'에 대한 답글이었다. 간디는 혁명가들이 식민지 지배에 대항하기 위해 폭력적인 방법을 사용하는 것을 공격했다.

간디는 1929년 12월 23일 혁명가들이 총독인 로드 어윈Lord Irwin이 탄 특별수송기차를 폭발시키려고 한 것에 분노했다. 간디는 '구사일생으로 총독이 탈출할 수 있었던 것을 신께 감사드렸고', 다음 주에 열린 국민회의의 라호르 회기에서 만장일치로 '비뚤어진 젊은이들의 겁 많은 행동에 유죄를 선언하는' 결의안을 채택하기를 원했다. 국민회의는 그 결의안에 따를 분위기는 아니었지만 전체 1713표 중 과반수에서 81표를 넘겨 겨우 통과되었다.[16]

'폭탄의 철학'은 〈영인디아〉에도 실렸는데 간디주의 비폭력의 한계를 명쾌하게 폭로하며 간디의 '사랑의 복음과 자청한 고난'을 조롱했다.[17]

그가 얼마나 많은 인도의 적을 친구로 만들었는지 세계에 알릴 것인가? 얼마나 많은 오다이어들O'Dwyers*과 레딩들Readings, 어윈들

---

* 마이클 프란시스 오다이어(Micahael Francis O'Dywer). 질리안왈라 대학살 시 펀자브의 부주지사로 '암리차르의 도살자'인 다이어 장군의 행동을 지지했다. 레딩 경은 학살 당시 영국의 총독이었다. 학살 후 21년이 지난 1940년 우담 싱(Udham Singh)은 오다이어를 살해하고 교수대에 올랐다. 간디는 이때도 우담 싱을 지각이 없다고 비난했지만 독립 후 국민회의의 네루 수상은 그를 순교자로 추모했다.

Irwins'이 인도의 친구로 변했는가? 그렇지 않다면 영국을 설득하거나 강요해서 인도의 독립에 동의하게 만들 것을 믿는 간디의 '자라고 있는 믿음(growing faith)'에 기대할 것이 있겠는가?

또한 '자본주의와 계급 차별, 특권에 죽음의 조종弔鐘'을 울리고 '굶주리고 있는 수백만의 사람들에게 기쁨과 번영'을 가져다 줄 수 있는 혁명의 필요성에 대해 강조하였다.

> 혁명은 …… 외국인과 인도인 양쪽의 착취의 멍에 아래 끓어오르고 있다. …… 조국을 조국에 돌려주고 …… 새로운 국가를 탄생시키자. 새로운 사회 질서와 무엇보다도 …… 프롤레타리아 독재에 의한 …… 정치권력의 권좌에서 사회의 기생충들을 영원히 추방시키자.

이는 '착취가 더 이상 불가능한 새로운 사회질서를 건설하기 위해 젊은이, 노동자, 농민, 혁명적 지식인들에게 앞으로 나와 자유의 깃발을 같이 들어올릴 것'을 호소한다. 그리고 다음과 같은 감동적인 말로 결론을 내린다.

> 영국이 인도에서 저지르지 않은 죄는 하나도 없다. 치밀한 학정은 우리를 극빈자로 만들고 '피를 뽑아서 우리를 하얗게 만들었다.' 우리가 언제까지 이것들을 잊어버리고 용서해줄 것 같은가? 우리

는 복수—압제자에 대한 정당한 복수—할 것이다. 겁먹은 자들은 뒤로 빠져 협상과 평화를 아첨해서 얻으라. 우리는 자비와 관대함을 요구하지 않는다. 우리 전쟁의 끝은 승리 아니면 죽음이다. 혁명 만세.

사회주의공화국협회의 선언과 '폭탄의 철학'은 민족해방과 사회주의를 성취하기 위한 유일한 수단으로 무장투쟁을 인정했다. 그럼에도 불구하고 무장투쟁은 테러리즘이나 영국 관리들에 대한 개인적 복수와 동등하게 취급되었다. 비록 테러리즘이 혁명의 목적이 되거나 독립을 가져오게 할 수 있다고 믿지는 않았지만 테러리즘은 여전히 정부에 반대하는 복수를 위해 그들이 찾을 수 있는 가장 효과적인 수단이었고 사회에 널리 퍼진 절망을 극복하는 방법이었다. 같은 관점이 '폭탄의 철학'에서는 좀 더 발전되었다. "테러리즘은 완전한 혁명이 아니다. 그러나 혁명은 테러리즘 없이는 완전할 수 없다. …… 인도에서도 테러리즘은 다른 나라에서와 같이 혁명으로 발전할 것이다."

선언문과 '폭탄의 철학'은 분명한 한계가 있다. 그들은 가장 중요한 '혁명의 망치'인 노동계급의 지도 하에 있는 대중운동의 역할을 무시하고 있다. 또한 수단으로서 테러리즘을 과도하게 강조하고 있으며 젊은이들을 혁명의 중심세력으로 보았다. 이 문서들은 노동자와 농민이 직면한 중요한 상황을 언급하고 있기는 하지만, 그들을 해방을 위한 투쟁의 중추가 아니라 수동적이고 도움받을 곳 없고 낙심한 대중으로 보았다. 1929년 4월 8일 중앙의회에 던져진 사회주의공화국협회의 리플릿에서도 인도 대중을 비슷하게 그리고 있다. 이 시기 노동자계급은 조직화와 파업 투쟁을 통해 리플릿에 언급된 '숙명적인 절망감'을 이기고 있었다. 1922년 대중운동의 철회로 인한 좌절은 가장 먼저 노동자계급에 의해 분쇄되었다. 예를 들면, 1921년 396번의 파업에서 참여 노동자 수는 60만 351명, 파업일수는 698만 4426일이었으나 1928년에는 파업일수가 3164만 7404일로 증가했다.[18]

노동자계급의 투쟁은 1927년 초부터 격화되어 전국으로 번져갔고 1928년과 1929년에 이르는 시기에 절정에 달했다. 이 시기의 투쟁은 초기 인도 노동사에서 견줄 수 있는 사례가 없었다. 주요한 사례들로는 동인도, 남인도, 대반도 철로Great Indian Peninsular Railways에서의 파업, 1928년과 1929년 봄베이 직조공들의 총파업, 1929년 황마 노동자들의 총파업, 1929년 타타 철강TaTa Irony and Steel Company의 총파업이 있다.

사회주의공화국협회의 선언문은 1928년에 발행되었고 '폭탄의 철학'은 1930년 1월에 발행되었다. 1928년은 사이먼위원회가 인도에 온 해이기도 하다. 이들은 인도에서 1년가량 머물렀다. 그들이 가는 곳마다 거대한 군중시위가 열려 '모든 계급, 국민회의, 공산주의자 등'이 참여하는 것을 어디서나 볼 수 있었다. '노동자농민당'은 이 군중시위에서 중요한 역할을 했다.[19] 베르마는 바가트 싱과 동지들의 사상과 실천에서 부족한 점을 심사숙고해보았다.

우리는 전제정부 관리들의 살인을 포함한 폭력과 산발적인 폭동을 노동자, 농민, 청년과 학생의 대중조직 건설로 결합시키고

자 했다. 그러나 실천에서 우리의 주요 강조점은 폭력 활동과 무장행동을 준비하는 것에 머물러 있었다. 이는 민중들을 잠에서 깨우고 정부에 의해 자행된 거대한 탄압에 복수하기 위해 반드시 필요했다. …… 노동자와 농민을 조직한다는 우리의 결정은 신념일 뿐이었다. 우리의 자원은 대부분 복수 행위를 조직하는 데 사용되었다.[20]

언급한 문서들은 그들이 점차 당파성을 사회주의와 마르크스주의로 옮겨갔음에도 불구하고 초기에 두드러졌던 아나키즘적인 이념들이 여전히 바가트 싱과 그 동지들에게 영향을 주고 있었음을 알려준다. 바가트 싱은 바쿠닌과 같은 아나키스트들의 글을 읽었고 그들의 철학에 이끌렸다. 1928년 중반까지만 해도 그는 아나키즘을 찬양하는 글을 썼다. 이는 〈키르티〉에 1928년 5월 9월까지 연재되었다. 그는 아나키즘에 대해 다음과 같이 적었다. "아나키즘의 궁극적인 목적은 완전한 독립이며 누구도 신이나 종교에 사로잡혀 있지 않고 누구도 돈이나 세속적 욕망에 미쳐 있지 않다. 신체에 대한 사슬이나 국가에 의한 통제도 없을 것이다. 이는 교회, 신과 종교, 국가, 사유재산을 제거하는 것을 의미한다."

또한 그는 프랑스의 아나키스트인 발리앙이 체포되었을 때 한 말에 자부심을 가지고 있었다. "그는 강하고 명확한 목소리로 말했다. 귀 먹은 이를 듣게 하려면 큰 목소리가 필요하다……." 바가트 싱이 작성한 '귀 먹은 이를 듣게 하라'는 1929년 4월 8일 중앙의회에 뿌려졌던 사회주의공화국협회의 팸플릿을 통해서 유명해졌다. 1928년 12월 전 인도 노동자농민당 회의가 캘커타에서 열렸을 때 노동자농민당의 지도자인 조쉬는 바가트 싱에게 다음과 같이 말했다. "우리는 당신들의 조직 강령과 활동에 전적으로 동의한다. 그러나 대중의 신념을 고취시키기 위한 무장행동은 적에 의해 신속하게 좌절된 적이 있었다."[21]

아나키즘과 개인 테러

아나키즘은 일반적으로 개인 테러리즘과 연관된다. 바가트 싱과 동료들의 사상과 활동에서 이 요소를 배재할 수는 없다. 그럼에도 불구하고 그들을 단순히 '민족주의 테러리스트' 혹은 더 나아가 '혁명적 테러리스트'라고 부르는 것은 잘못된 것이다. 그들은 앞 세대의 '혁명적 테러리즘'과는 거리를 두고 사회주의를 명확히 이해했으며, 프롤레타리아의 지배 확립과 계급이나 착취 없는 자유로운 국가에 대한 전망을 동기로 삼았다. 베르마는 이를 '테러-공산주의'라고 했다.

마르크스-레닌주의는 '테러-공산주의'와 어떻게 다른가? 공산당 인터내셔널이 1924년 12월 15일 〈뱅가드Vanguard〉의 부록으로 발행한 '민족주의자들에게 보내는 호소'를 보자.

폭력은 본질적으로 혁명에 필요한 속성이 아니다. 현재의 사회체제에서 정치적·사회적으로 무혈혁명이 일어나는 것은 기대하기 힘들다. 그러나 피와 폭력이 혁명은 아니다. 특정한 사회체제나 정치

제도는 이를 지지하고 있는 개인들을 살해하는 것으로는 결코 전복할 수 없다. 영국 의회에서 개혁법이 통과되는 것으로는 민족의 독립이 더 이상 가능하지 않은 것처럼 공무원들을 살해하는 것도 마찬가지다. …… 혁명은 일반적으로 폭탄, 권총, 비밀조직과 어울린다. …… 혁명은 그보다 더 거대한 사업이다. …… 지금까지의 역사를 종료하고 새로운 시대를 열어야 한다. …… 국가에 의해 혜택을 받는 계급들은 변화를 허락하지 않는다. …… 격렬한 저항, 정치적 폭력, 사회적 동란은 우리가 대개 혁명이라 부르는 여러 가지 역사적 현상의 특징이다.[22]

그러나 공산당 인터내셔널 또한 격변의 시대가 빠른 변화와 모순되는 밀고 당기기로 특징지어진다는 점에서는 면제될 수 없었다. 예를 들어 1925년 청년공산당 인터내셔널Young Communist International은 〈매시스Masses〉 1권 7호에 벵골청년혁명협회The Bengal Revolutionary Association of the Youth에 보내는 호소를 '청년 공산주의자 선언'으로 발표해 아시아에서 민족해방을 위해 싸우는 젊은 혁명가들에게 깊은 존경심을 표했다. 이 글에서 그들은 자신을 '민중을 위해 생명을 희생하는 영웅적 테러리스트'라고 칭송하고 '사형집행인과 교수인을 제거하고 모든 도덕적 권리를 가지고 있는 민중의 대의를 위해 싸우는 혁명가들'이라고 언급했다.[23]

바가트 싱을 주목받게 한 것은 그가 생의 마지막 날에 혁명적 테러리즘을 넘어 개인을 제거하는 테러의 문제에서 마르크스주의에 가까

워진 것이었다. 바가트 싱은 사형 집행이 있기 두 달 전에 다음과 같이
말했다.

> 나는 세세한 강령으로 구체화된 이념을 가진 혁명가이다. ……
> 나는 모든 힘을 다해 내 의지로 선언한다. 나는 테러리스트가 아니
> 다. 혁명 초기를 제외하고는 테러리스트였던 적도 없다. 또한 그런
> 방법을 통해서는 어떤 것도 얻을 수 없다는 것을 확신한다. 이는
> 누구라도 사회주의공화국협회의 역사를 통해 쉽게 판단할 수 있을
> 것이다. 우리의 모든 활동은 오직 하나의 목표를 향해 있었다. 즉
> 우리 자신을 위대한 운동의 전투적인 날개와 동일시하는 것이다.
> …… 폭탄과 권총이 무의미하다는 것이 아니다. 오히려 그 반대일
> 것이다. 그러나 단순한 폭탄 투척은 쓸모가 없을 뿐 아니라 해롭기
> 까지 하다. 우리 조직의 전투적인 부분은 언제나 정치적 활동의 뒷
> 받침이 되어야 한다. 독립적으로는 움직일 수도 없고 움직여서도
> 안 된다.[24]

바가트 싱이 마지막으로 다다른 입장은 고전적인 아나키스트가 아니
라 개인 테러리즘의 문제에 대한 레닌주의적 혁명의 모색이었다. 레닌
주의적 사고는 인도공산당 주간지 〈워커스 위클리Workers Weekly〉에서 명
료하게 밝혀졌다. 레닌은 1905년 개인 테러리즘을 옹호했으나 이는 명
확한 조건에 따른 것이었다. "⑴ 개별적 테러리즘은 오직 대중폭동 기
간에만 정당화될 수 있고 정당의 대중활동과 함께 진전시켜야 한다.

(2) 정당의 허가를 통해서만 이루어져야 한다……."[25]

이후 인도공산당은 '인도 혁명의 전술적 노선의 전망'(1951)에서 개별적 테러리즘의 비생산적인 성격을 지적했다. 인도공산당의 노선은 1948년부터 1950년까지 현재 인도공산당(마오주의)과 유사했으나 1951년 당 대회에서 이를 철회했다. 현재 의회활동을 하는 좌파 정당들은 한때 인도공산당의 잘못된 노선을 60년이 지나도록 고수하고 있는 인도공산당(마오주의)을 비판하고 있으며 이들을 공히 테러리스트로 규정한다.*

개인 테러는 특정 계급과 체제에 속한 사람들을 겨냥한 것으로 개인이나 그룹, 작은 패거리에 의해 수행된다. 이는 영웅적이고 자기희생적이라는 칭송을 받고 심지어 그들이 가장 증오하는 개인에 반하는 행동을 하도록 요청받을 수도 있다. 이러한 행동은 마르크스주의에서는 여전히 허용되지 않는다. 왜일까? 대중들은 단순한 이유로는 움직이지 않는다. 영웅들은 민중을 위해 일하며 이러한 행동이 계급과 체제의 완전한 소멸을 의미한다는 믿음 또한 부추겨져 왔다. 그러나 이는 결국 대중을 수동적이고 관성적으로 만들어 그들의 행동과 발전을 멈추게 한다. 그리고 혁명 역시 패배로 끝날 것이다.[26]

---

* 저자의 또 다른 글에서는 테러리즘과 인도 공산당들의 역사와 인도공산당이 폐기한 60년 전의 사회구성체론과 그에 따른 전략·전술을 비판하고 있다. 인도공산당(마오주의)이 인도는 독립 이후 형식적으로만 독립했으며, 제국주의의 식민지라는 규정 아래 민족해방을 목표로 내걸고 있는 것을 비판한다. 식민지에서 해방된 국가들이 국제사회에서 자기 목소리를 내기 위해 진행했던 제3세계 비동맹운동에서 인도가 맹주로 활동했던 것만 돌이켜보더라도 인도가 식민지라는 인도공산당(마오주의)의 역사 인식은 너무나 관념적이다.

마르크스-레닌주의 전통 내에서 일반적으로 개인 테러리즘은 (소규모 종교적 분파주의자를 제외하고는) 전략이나 혁명 투쟁의 중심 발판이 될 수 없다. 투쟁은 무장투쟁이든 비무장투쟁이든 혁명의 모든 단계에서 광범위한 대중의 참여로 구성되어야 한다. 가혹한 탄압의 시기에는 대중의 참여를 일으키는 저항이 투쟁에 유리할 때 개인의 제거를 전술적으로 택해야 할 수도 있다. 이는 개인 테러리즘과 같을 수 없다. 사상과 실천의 중심이 되는 대중운동의 역할을 소수의 영웅적인 개인이 대체할 수는 없다. 공산주의자들이 개인을 제거하는 전술에 호소하는 것은 오직 예외적 상황에서만 허용된다. 필요한지 아닌지 그리고 그 범위가 어디까지인지는 전술적인 문제이며 의심할 바 없이 자기희생적인 개인들의 그룹이 아니라 당에 의해 결정되어야 한다.

개인 테러리즘은 극단적인 탄압이 가져다주는 깊디깊은 절망에서 나온다. 팔레스타인의 사례가 이에 해당된다. 이스라엘은 60여 년간 수백만 명의 팔레스타인 사람들을 노예로 만들었으며, 그들의 야만적 통치에 대한 저항에 끝없는 테러와 살인을 해왔다. 팔레스타인 민중들은 팔레스타인 내에서도 동정심 없는 이웃 아랍 국가의 난민 캠프에서도 극도의 빈곤과 굴욕적인 삶을 강요당했다. 아랍 국가들은 한때 그들의 해방 투쟁을 이끌었던 '국제공동체주의'를 배반했다. 이것은 이슬람 근본주의*의 성장을 촉진시켰고 다수의 대중들을 깊은 절망감에 젖게 했다. 이는

---

* 이슬람 근본주의는 중동에 대한 제국주의 지배의 산물로 제국주의에 대한 반대를 의미하지만 이중성을 가지고 있다. 이란의 호메이니 정권이나 아프가니스탄의 탈레반 정권은 억압적이고 여성 차별적이며 엘리트 성직자 중심적이기도 하다. 탈레반이라는 말 자체가 '신학교 학생'이라는 의미이다.

개인 테러리즘에 대한 강력한 객관적인 기반이 되었다. 우리는 개인 테러리즘과 같은 방법에 동의하지 않고 그 한계를 지적할 수 있다. 그러나 누가 살아갈 권리와 죽을 권리를 박탈당한 사람들을 부인할 수 있겠는가? 시리아의 시인 니자르 카바니Nizar Qabbani는 시[27]로써 팔레스타인과 아랍 민중들의 고통을 표현하고 테러를 통한 자기방어의 권리를 강력히 옹호하였다.

> 우리는 테러리즘으로 고소당한다.
> 우리의 땅을 떼어내고 우리의 역사를 떼어내는
> 이스라엘의 불도저 앞에서
> 죽는 것을 거부한다면
> 우리는 테러리즘으로 고소당한다.
> 우리가 지워지기를 거부한다면
> 시저* 중의 시저가
> 자기 것인 양 움켜쥐려고 하여
> 우리가 돌멩이 하나를
> 안보위원회의 창문에 던지면
> 우리는 테러리즘으로 고소당한다.
> 우리가 늑대와 협상하는 것을 거부하면
> 우리는 테러리즘으로 고소당한다.

---

* Caesar, 로마의 시저, 현세의 독재자라는 의미로 주로 사용됨.

바가트 싱

우리가 우리 땅과

흙의 명예를 지키려고 하면

우리가 강간에 대해서 반항하면

그것은 우리의 강간이 된다.

우리가 …… 지킨다면

우리 하늘의 마지막 별들이다…….

이것이 죄라면

테러리즘은 얼마나 아름다운가.

나는 테러리즘 안에 있다.

새로운 세계의 질서가

내 아이들을 학살하고

개 먹이로 보내려고 한다면

이 모든 것을 위해 나는 목소리를 높인다.

나는 테러리즘 안에 있다…….

혁명적 무장투쟁과 폭력

공산주의자들이 믿는 혁명적 무장투쟁과 개인 테러리즘의 차이는
무엇인가? 한 세기에 걸친 민족해방과 사회주의를 위한 혁명적 무장투
쟁은 게릴라전과 정규전이라는 두 가지로 나타낼 수 있다. 이러한 투
쟁들은 보통 양자가 결합한 형태이거나 각각의 국면에서 한 쪽이 우세
하였다.

러시아혁명이 권력을 쟁취하던 시기에는 놀라울 정도로 폭력이 없었다. 이는 후에 정규군이 패배한 계급들—유아 상태의 첫 번째 사회주의 국가를 분쇄하기 위해 14개국의 제국주의자들에게 지원을 받은 백군—과 내전(1918~1920)을 벌이는 형태로 나타났다. 이들은 구 차르 체제의 군대와 기세 높은 혁명적 노동계급으로 구성된 적군에게 완패했다. 첫 번째 사회주의 국가를 방어하기 위한 이 거대한 투쟁은 게릴라와 빨치산적 요소들이 결합되기는 했지만 정규전의 형태가 지배적이었다.

혁명적 무장 투쟁의 또 다른 형태는 마오Mao(모택동)의 유명한 비유인 '물속의 물고기fish in water' 같이 공감을 가진 대중들 사이에서 소수에 의해 수행되는 조직된 게릴라전이다. 이는 중국, 베트남, 쿠바 혁명뿐만 아니라 1940년대 후반 유럽의 여러 나라들에서도 효과적으로 사용되었다. 베트남혁명에서 사용된 게릴라전은 전쟁사에서 가장 성공적이었다. 중국혁명은 정규전과 게릴라전이 시기에 따라 한쪽이 다른 쪽을 우월하게 해주는 결합을 보여준다. 모택동은 이 논쟁들을 다음과 같이 정리하였다.

> …… 분명한 사실은 전략 방향을 명확히 규정해야 한다는 것이다. 공격할 때는 모험주의에 반대하고 방어할 때는 보수주의에 반대하며, …… 홍군의 게릴라주의에는 반대하지만 홍군의 게릴라성은 승인한다. 전역戰役의 지구전protracted campaigns과 전략의 속결전을 반대하고 전략의 지구전과 전역의 속결전을 승인한다.[28]

바가트 싱

인도에서 공산주의자들이 이끈 텔란가나Telangana 농민무장투쟁 (1946~1951)의 게릴라 분대 혹은 달람dalam*은 니잠Nizam**과 제국주의에 대항한 것으로 마오가 말한 '물속의 물고기'—봉건 압제에 대항한 농민 대중에게 음식과 피난처를 제공받았다—와 정확히 일치하는 것이었 다. 그들은 악덕 지주들과 그 앞잡이, 경찰의 밀정을 제거하거나 지주 의 재산과 통신설비, 군대와 경찰의 진지와 적들의 무장된 파견부대를 공격하여 무기를 확보해나갔다. 개인들만이 유일한 공격 목표는 아니 었지만 개인들의 제거는 투쟁에서 중요한 측면이었다. 그 결과 1949년 7월 500여 명의 지주들과 대리인들이 살해당했다.[29] 이 모든 행동은 게릴라 조직에 의해서만 수행된 것이 아니라 100여 개의 촌락에서 민 중들이 지주와 그 밀정을 공격해 살해하고 재산을 파괴하거나 총을 입 수함으로써 이루어진 것이다.[30]

개인을 대상으로 한 행동이 투쟁의 한 부분이 되는 것은 중요하다. "대략 3000개의 촌락에서 300만에 달하는 인구가 4억 1440만 제곱킬 로미터의 영역에 있었다. …… 이들은 전투를 통해 판차야트panchayat 촌 락(농촌의 지방자치 단위—옮긴이)을 기반으로 그람라지gram raj***를 세우는 데 성공했다. 악덕지주들은 이 촌락에서 …… 쫓겨 나갔으며 …… 그들 의 땅은 농민들이 확보했다. 400만 제곱킬로미터에 달하는 땅이 인민 위원회의 지도 아래 농민들에게 분배되었다."[31] 농민반란 기간 동안에

---

* 소규모 조직을 일컫는 말로 현재 마오주의자들의 보도자료에서도 흔히 볼 수 있다. 40~80명으 로 구성된다.

** 현재의 하이데라바드(Hyderabad) 주에 있던 토후국의 군주를 일컫는 말.

*** 300명 이하의 인구로 구성된 촌락으로 촌락 자치의 가장 기초적인 단위가 된다.

이루어진 개인 테러는 이 쟁점에 관한 레닌주의와 들어맞는 것이다.

혁명의 격변기에는 조직된 정규군들 사이의 전투뿐 아니라 개인에 대한 직접적인 공격까지 자연스럽게 결합된다. 역사적으로 차별화되는 혁명들—부르주아 혁명과 프롤레타리아 혁명—이 모두 이것을 실증한다. 프랑스의 부르주아 혁명은 '자코뱅 테러' 기간에 봉건 질서를 일소하기 위해 숱한 지주들을 단두대로 보냈다. 1640년 영국혁명 당시 영국 왕 찰스 1세의 사형 집행에서도 유사한 현상들을 볼 수 있다. 부르주아 역사학자들은 이를 거시적 시각에서 자본주의의 도래를 위해 필요한 '치러야 할 대가'로 보았다. 그러나 프롤레타리아 혁명에서 일어난 유사 행동에 대해서는 야단스럽게 색칠을 하고 공산주의가 선천적으로 얼마나 피에 굶주렸는지에 대한 증거로 삼는다. 1917년 러시아혁명에서 차르와 그 가족의 사형 집행에 대한 끝없는 애도는 좋은 예 중 하나일 것이다.

공산주의자들은 폭력의 숭배자도 아닐 뿐더러 최대한 피를 흘리지 않고 혁명을 이행하기를 바란다. 그럼에도 혹독한 상황이 오면 '지배 계급들은 결코 자신의 권력을 자발적으로 내주지 않고 민중의 의지를 거부할 길을 찾으며, …… 불법과 폭력으로 이를 뒤집는다'는 것을 경험적으로 알고 있다.[32] 이 반혁명의 폭력은 다른 쪽 뺨을 내미는 것으로 해결될 수 없고 폭력이 포함된 단호한 대중의 혁명적 저항을 통해서만 해결될 수 있다. 이 과정에서 개인, 특히 반혁명 세력의 지도자들은 제거당하게 된다. 혁명은 잘 통제된 조건의 실험실이 아니다. 대신 착취받던 압제의 기억, 억눌려 있던 증오와 분노, 주관subjectivism, 그리고 심지어 편견까지 가세하여 대중들 사이에 거대한 격변이 일어난다. 이런 대변혁의 과정에서 개인의 암살이 없을 거라고 기대하는 것은 비현실적이다.

그러나 우리는 여전히 '위에서 언급한 범위를 벗어난 개인 테러리즘은 언제나 비생산적인가?'라는 질문을 받게 된다. 모순적인 것은 바가트 싱이 개인 테러리즘을 정당화하는 행동으로 일반 대중들 사이에서 상징적인 존재로 기억되고 있다는 사실이다. 대다수 민중들은 바가트 싱의 순교를 사운더스에게 총격을 가하고, 중앙의회에 폭탄을 던진 행동의 결과로 회상하고 그를 흠모한다. 이런 행위들이 인도를 식민지배로부터 자유롭게 한 것은 아니지만 광범위한 대중, 특히 젊은이들을 해방 투쟁에 참가하도록 고무시켰던 것은 부인할 수 없다. 바가트 싱과 동지들의 특수성은 식민지 지배라는 가혹한 현실, 국민회의의 타협적인 전술에 대한 환멸, 그리고 해방 투쟁을 위해 영웅적이고 고무적인 색채로 민중들을 각성시킬 새로운 수단을 찾으려는 요구에 의해서 수행된 것이다. 따라서 이런 개인 테러리즘 활동이 모든 상황에 영감을 줄 수 있다는 일반화는 잘못된 것이다.

Bhagat Singh

3장

마르크스주의를 향하여

단두대의 그림자 아래서

Bhagat Singh

바가트 싱의 감옥에서의 마지막 형기는 1929년 4월에서 1931년 3월까지인 2년이었다. 바가트 싱은 죽음을 기다리면서 명확하고도 빠르게 마르크스주자로 변모해 갔다. 이것은 인도청년협회의 선언문에서 처음 나타났던 사회주의와 고통받는 계급에 대한 당파성의 논리적 성숙이었다.

법정과 감옥에서의 동지들

1929년 5월 7일 의회의 폭탄사건에 대한 발언 기회가 열렸다. 바가트 싱과 두트는 법정에 들어서면서 '혁명 만세', '프롤레타리아 만세', '제국주의 타도'를 외쳤다. 한 달이 조금 넘는 짧은 재판 기간이 지난

후 1929년 6월 12일 그들에게 안다만 제도*에서의 종신형이 선고되었다. 경찰은 사운더스 살인사건을 자세히 조사하고 있었다. 바가트 싱과 라지구르, 수크데브 등은 1929년 7월 10일 시작된 역사적인 2차 라호르 공모사건으로 고소되었다. 재판은 1년 이상 지속되었는데, 그들은 법정을 혁명적인 선동을 위한 좌담회forum로 전환시켰다. 같은 시기 미루트 공모사건의 공산주의자 피고인들도 이에 동참했다. 1930년 7월 21일 그들은 붉은 스카프를 목에 두르고 '사회주의 혁명 만세', '공산당 인터내셔널 만세', '민중 만세', '레닌의 이름은 영원하다', '제국주의 타도'와 같은 슬로건을 외쳤다. 바가트 싱은 법정에서 아래의 전보문을 읽은 후 판사에게 제3 인터내셔널로 보내줄 것을 요청했다.

레닌의 날에 우리는 위대한 레닌의 이념을 위해 일하는 모든 이에게 인사를 보낸다. 우리는 러시아의 위대한 실험들이 성공하기를 기원한다. 우리는 우리의 목소리를 국제 노동계급운동에 더한다. 프롤레타리아는 승리할 것이다. 자본주의는 패배할 것이다. 제국주의에게 죽음을.[1]

유사하게 1930년 5월 5일 바가트 싱에 의해 초고가 작성된 특별 재판의 고등 판무관에게 보내는 피고의 진술에서 산얄, 마하비르 싱

---

* 미얀마와 인도 사이에 있는 작은 섬들. 정치범들을 수용하기 위해 698개의 가로 4.5미터, 세로 2.7미터의 좁은 독방들로 이루어져 있다. 네타지와 인도 독립군이 일본과 함께 이 섬을 점령했을 때 자유 인도 지역으로 선언하고 섬의 이름을 '순교자와 독립의 섬'으로 개칭한 것은 이곳에서 숱한 사람들이 복역 중에 죽어갔기 때문이다.

Mahabir Singh, 두트, 가야 프라사드 박사, 쿤단 랄은 제국주의를 매섭게 공격했다.

우리는 제국주의가 포식을 위해 움직이는 거대한 음모조직인 것을 알고 있다. 제국주의는 인간에 의한 인간의, 국가에 의한 국가의 교활한 착취의 마지막 단계이다. 제국주의자들은 노략질을 위해 계획적으로 법정에서 사법살인을 할 뿐 아니라 대학살과 전쟁 같은 끔찍한 범죄들을 저지른다. 그들은 약탈이나 파멸적이고 혐오스러운 계획을 묵인하는 것을 거부하는 무고한 자와 비무장한 민중을 쏘아 죽이는 데 한 치의 망설임도 없다. 그들은 '법과 정의'라는 옷을 입고 평화를 깨뜨리고 무질서를 만들어 민중을 죽이고 상상할 수 있는 모든 죄를 저지른다.[2]

바가트 싱과 그의 동지들은 제국주의의 실체를 폭로하는 데 큰 역할을 했으며 그들이 대안이라고 생각했던 사회주의 이념을 대중화시켰다. 해방 투쟁의 전투 구호인 '인퀼랍 진다바드'는 혁명가들뿐 아니라 자유를 위한 투쟁에서 국민회의 뒤에 모여 있던 대중들에게도 적극적으로 받아들여졌다.

바가트 싱이 마르크스주의로 빠르게 전환해 갔던 것을 증명할 수 있는 예는 얼마든지 있다. 다음은 1930년 10월 감옥에서 그가 보낸 메시지다.

자틴 다스

우리에게 혁명이란 현 사회의 질서를 뿌리 뽑는 것이다. 그러기 위해서는 권력을 획득해야 한다. 국가기구는 특권 계급의 손에 있다. 대중의 이익을 보호하고 우리의 이념을 현실화시키려면 국가기구를 마르크스가 쟁취하라고 요구한 원칙에 맞는 사회의 기초 위에 놓아야 한다.[3]

주목할 것은 바가트 싱이 마르크스주의로 전환하면서 그의 동지들과 함께 감옥 내에서 투쟁을 했다는 것이다. 그들은 끔찍한 감옥 환경에 항의하는 단식투쟁을 했지만 당국은 누그러지지 않았다. 1929년

9월 23일 웨스트벵골 혁명가들이 사회주의공화국협회에 폭탄 제조법을 전수하기 위해 파견되었고, 의회 폭탄투척 사건으로 고소되었던 자틴 다스Jatin Das가 64일 간의 긴 단식 끝에 순교하였다. 라호르의 대로에는 거대한 행렬이 이어졌고 캘커타에서는 60만 명의 민중이 그의 장례식에 참석하기 위해 모였다.[*]

---

[*] 자틴 다스의 관을 고향인 벵골로 가져오기 위해 헌금과 추도 시위를 진행한 이가 네타지 찬드라 보세이다. 그는 간디가 바가트 싱과 그 동료들을 서둘러 처형할 것을 영국 당국에 요청한 것을 알게 된 후 간디에게서 떠나게 된다. 콜카타에 방문했을 때 자틴 다스와 네타지를 기념하기 위해 그들의 이름을 딴 자틴 다스 전철역과 네타지 바반 전철역을 모르고 지나간다면 콜카타를 느끼고 간 것이 아니다.

자틴 다스의 단식

진나(무슬림연맹의 지도자-옮긴이)는 감옥에서의 단식투쟁과 재판에 대해 두 시간에 걸쳐 격렬한 웅변을 했다. 그는 정부에 정면으로 질문을 던졌다. "당신들은 재판을 원하는가, 아니면 박해를 원하는가?" 진나는 감옥에서의 단식투쟁을 언급하면서 다음과 같이 말했다.

이것은 농담이 아니다. 존경하는 사법인들 중에는 죽음에 이를 때까지 단식을 할 수 있는 사람이 없다는 것을 스스로 깨닫기 바란다. 단식을 조금이라도 해보면 알 수 있을 것이다. …… 단식투쟁에 들어간 이는 영혼을 가지고 있다. 그는 이 영혼에 의해 움직인다. 그리고 대의명분이 있는 정의를 믿는다. 그는 냉혈한이거나 비열하거나 사악한 범죄를 저지른 그런 범죄자가 아니다.

그는 정부를 통렬히 비판했다.

오늘날 세계의 어느 문명화된 정부가 가면 갈수록 그들의 국민을 박해하는가? 당신들이 지난 6~8개월 동안 신문을 보았다면 벵골, 마드라스, 펀자브를 비롯해 전국에서 벌어진 박해들을 찾을 수 있을 것이다. 내가 두려운 것은 당신들이 새로운 부서를 만들고, 이런 식으로 박해를 하겠다고 정한 다음 이 박해를 관리할 새로운 위원을 뽑는 것이다. 어느 누가 감옥에 가고 싶어 할 것인가? 그게 쉬운 일인가? 어느 누가 감옥에서 6개월이나 1년을 지내야 한다는 것을 충분히 알면서도 당신들이 선동 연설로 규정한 연설을 하기 위해 법의 테두리를 넘기를 원한다고 생각하는가? 당신들은 이게 농담이나 재미거리나 오락이라고 생각하는가? 스스로 깨닫지 못하겠는가? 분노, 당신들의 정책과 계획에 모두가 분노하고 있다는 것을.

그는 정부에게 '조국의 자유를 위해 싸우고 투쟁하는 많은 이들을 박해하는 데' 세금을 낭비하지 말 것을 요청했다.

자틴 다스의 사망 다음날인 1924년 9월 14일 토론회에서 모틸랄 네루Motilal Nehru(자와할랄 네루의 아버지로 국민회의의 부유한 지도자 중 한 명이다. 국민회의 역사가 네루 집안의 역사가 된 것은 그로부터 출발한다—옮긴이)의 애도가 있었다. 거기서 자야카르Jayakar는 자틴 다스의 죽음에 대해 눈물겨운 말을 했다.

그는 천천히 1인치씩 죽어갔습니다. 한쪽 손이 영양 부족으로 마비되었습니다. 다른 손이 음식물을 섭취하지 못해 쭈그러들기 시작했습니다. 한쪽 발이 떠나고 다른 쪽 발도 갔습니다. 마지막으로 자연의 소중한 선물인 시력도 갔습니다. 안구의 불꽃이 1인치씩 사드라들었습니다. 한번에 무자비하게 죽는 단두대가 아니라 자연이 소멸하듯 느릿느릿 말입니다. 이토록 천천히 진행되는 고문의 고통이라니.

혁명가들은 의견이 서로 심각하게 달랐지만 많은 애국자들은 그들의 대의를 지키기 위해 결집했다.

잔혹한 선고에 반대하여 전국적인 시위가 시작되었다. 바가트 싱과 그의 동지들 3명의 이름은 일상용어가 되었다. 그러나 부르주아 지도자들의 태도는 성격적으로 갈등이 있었다. 간디는 어윈 총독과의 협상을 통해 시민불복종운동이 중단된 기간 중에 선고를 집행하려고 했다. 그는 자신이 말했듯 어윈과의 협상에서 바가트 싱과 그 동료들의 사면 혹은 감형을 전제조건으로 하지도 않았다. 그가 원한 것은 오직 하나, 카라치 회기가 시작되기 전에 형이 집행되어야 한다는 것이었다. 그리고 이는 실행되었다.[4]

단식투쟁의 상황은 날이 갈수록 악화되었다. 결국 정부는 그들을 강제로 먹이기로 결정했고 이는 혁명가들의 분노를 더하게 했다. 투쟁가들은 어떠한 약의 복용도 거부하였고 강제로 음식을 먹이는 것에 저항하였다. 정부는 혁명가들을 유혹해 단식을 중지시키기 위한 여러 가지 계책을 시도했다. 한 예로 먹음직스럽게 조리된 음식을 감옥 안에 두어 냄새로 단식자들의 의지를 약화시키려고 한 것이다. 그러나 혁명가들은 간수들이 보는 앞에서 음식을 문 밖으로 던져 버렸다.

그 중에서도 자틴 다스의 상황은 대단히 좋지 않았다. 그가 63일간의 단식투쟁 끝에 죽은 다음날 전국은 아연실색하였고 청년들의 분노는 끝까지 치솟았다. 애도의 메시지가 전 세계에서 도착했다. 그 중에는 아일랜드에서 자신을 희생했던 테렌스 맥스와니Terence MacSwiney* 가족으로부터 온 것도 있었다. 메시지에는 다음과 같이 쓰여 있었다. "맥스와니 가족은 자틴 다스의 죽음에 대해 슬픔과 자부심을 느낍니다. 자유는 곧 올 것입니다." 신문에서도 "전쟁터나 공사장 위에서 죽는 것은 자틴 다스의 깊은 고통과 비교하면 어린애 장난이다"라고 보도했다. 비슷한 상황에서 맥스와니가 죽었을 때 로이드 조지Lloyd George(당시 영국 수상—옮긴이)는 그를 '위대한 애국자이자 순교자'라고 선언하였다. 그러나 인도 정부는 자틴 다스의 죽음을 '자살'이라고 표현했다.[5]

---

* 1920년 아일랜드의 지역 선거구에서 당선되었으나 불법문서 소지죄로 체포되었고 이에 대한 항의로 75일간의 단식투쟁 후 사망했다. 바가트 싱은 부친이 그를 석방시키려고 노력했을 때 테렌스 맥스와니의 이름을 거론하면서 이를 거부했다.

이념적 투쟁

감옥에서의 또 다른 투쟁의 무대는 이념적인 것이었다. 바가트 싱은 "폭탄과 총은 혁명을 만들지 않는다. 혁명의 칼은 사상의 숫돌로 벼린다"[6]라는 말로 이념의 중요성을 강조했다. 레닌의 금언인 "혁명의 이념 없이 혁명의 실천은 있을 수 없다"는 말을 되울린 것이다. 그는 펀자브어, 우두루어, 힌디어와 영어를 구사했으며 다독가였다. 또한 종교, 자유 투쟁, 코뮤날리즘, 사티아그라하satyagraha(무저항·불복종의 철학-옮긴이), 파업, 학생들의 정치 참여 등 다양한 논쟁들을 신문과 잡지에 기고하고 혁명의 순교자들에게 바치는 경의를 짧은 글로 적었다. 이는 모두 그가 감옥에서 마지막을 보내기 전인 21세까지 적은 것이다. 베르마는 1991년 5월 5일 아쇼크 다왈Ashok Dhawale과의 인터뷰에서 말했다.

바가트 싱은 다툴 자가 없는 이념적 지도자였다. 나는 그가 주머니에 책을 가지고 있지 않은 것을 한 번도 본 적이 없다. 엄청난 용기와 같은 미덕은 우리들 중 다른 혁명가에게도 있었다. 그러나 위대한 학습 자세는 유일하게 그만이 가졌던 것이다. 목표에 대한 명료함과 성실함은 그때 우리들 중 누구에게도 없었다.[7]

그가 혁명운동을 도입하는 쟁점에 대해 자신의 견해를 표현하고 광범위한 독서를 통해 혁명사상을 가다듬는 데 모든 에너지를 집중했던

바가트 싱

것은 자연스러운 일이었다. 그의 옥중 노트는 총 146페이지로 108명의 저자와 43권의 책에서 인용한 사실과 견해로 구성되어 있다. 이는 우리에게 이 기간 동안 그의 독서에 대한 식견을 제공하고 이념적 발전 방향을 비추어 준다. 그는 계급 착취를 뒷받침하는 종교의 역할, 부르주아 사회에서 결혼의 본질, 국가의 성격, 자본주의 하에서 소부르주아들의 몰락과 빈곤 등 다양한 논쟁들을 다룬 엥겔스의 《공상적 사회주의와 과학적 사회주의》, 《가족, 사유재산, 국가의 기원》에 아주 많은 표시를 했다. 파리 코뮌의 송가인 인터내셔널가歌도 노트에 다 적혀 있었다. 마르크스와 엥겔스의 《공산당선언》은 계급적 성격에서 인용되었다. 인용 중에는 시카고 순교자들의 희생*과 버트란드 러셀Bertrand Russel과 토마스 페인Thomas Pain의 종교의 역할과 자유에 대한 것도 있다. 오마르Omar Khayyam(11세기 이슬람 수피파 시인-옮긴이), 도스토예프스키, 휘트먼Walt Whitman과 부하린Bukharin(바가트 싱은 그의 《사적유물론》을 읽었다-옮긴이)도 쟁점의 주인공들이었다. 레닌의 《무엇을 할 것인가》, 《좌익 공산주의와 소아병》, 《제국주의, 자본주의의 최고 단계》는 그가 1931년 2월 2일 마지막으로 적은 중요한 글인 '정치적 노동자 청년들에게 보내는 서신'에서 분명하게 보인다. 이는 '나는 왜 무신론자인가'과

---

* 5월 1일 메이데이의 기원이 된 사건이다. 1886년 5월 1일 시카고에서 8시간 노동제를 요구하는 시위 도중 경찰의 발포로 6명이 사망하자 다음날 헤이마켓 광장에서 대규모 집회가 열렸다. 집회 도중 누군가 폭탄을 던져 경찰관 한 명이 사망하고 총격전이 벌어져 7명의 경찰과 4명 이상의 노동자가 숨졌다. 이 사건으로 8시간 노동제를 주장해 온 노동운동가 8명이 폭동죄로 체포되었다. 총 5명이 사형을 선고받았는데 링그는 처형 전날 스스로 목숨을 끊었고 스피스, 피셔, 엥겔, 파슨스에게는 형이 집행됐다. 3명은 장기형을 선고받았다. 하지만 재조사 끝에 1893년 전원 무고가 확인되었고, 이후 제2 인터내셔널에 의해 5월 1일은 메이데이가 되었다.

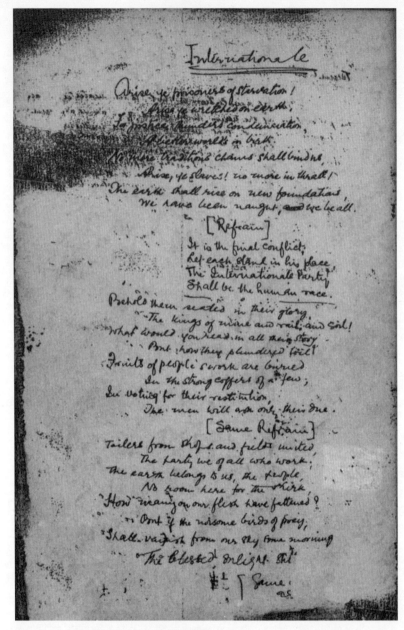

바가트 싱의 옥중노트에 들어있는 '인터내셔널가'

함께 그의 저술 중 최고이며 사상의 성숙함을 보여주고 있다.

코뮤날리즘과 종교에 반대하다

'나는 왜 무신론자인가'를 설명하기 전에 당시 그가 처한 상황과 종교나 신에 대한 견해의 발전 과정을 살펴볼 필요가 있다. 바가트 싱은 세계의 창조자는 신이며 세계에서 일어나는 모든 일들의 첫 번째 동인이 초자연적인 현상이라는 믿음을 당연한 것으로 여기던 시대를 살았다. 당시 무신론자는 혐오의 대상이었다. 혁명 초기 세대들은 종교와 신비주의에서 영감을 얻었다. 많은 이들이 칼리Kali와 바그와니 Bhagwani(혹은 바그와티Bhagwati) 같이 전쟁을 사랑하는 어머니 여신에게 기원하며 그들의 축복을 받기를 바랐다. 바가트 싱 세대의 혁명가들도 이러한 영향으로부터 자유롭지 않았음은 산얄이 1925년에 작성한 공화주의자협회 선언문에서도 볼 수 있다. 그는 선언문에서 "영적인 영역에서 조직의 목적은 …… 세우는 것이다. 세계는 나눌 수 없는 …… 하나의 영혼, 모든 힘의 초자연적인 원천, 모든 지식과 아름다움"[8]이라고 언급하였다.

산얄은 1925년 2월 12일 '간디에게 보내는 공개서한'을 〈영인디아〉에 실어 공화주의자협회 선언문의 종교성을 지적하였고, 간디의 아힘사를 공격하면서 과거에서 그 정당성을 찾았다. "당신이 설교하는 이념은 인도의 문화와 전통에 있지 않습니다. …… 당신의 비폭력 철학은…… 인도 현자들rishis의 크샤마kshama(참회)가 아닙니다. 위대한 인도 명상인들의 아힘사의 영혼이 아닙니다." 그는 간디의 지도력에 반대하기 위해 과거 인도에서 그가 영웅이라고 생각하는 이들을 이용해 호소했다. "진실로 인도에 필요한 것은 구르 고빈 싱Guru Gobind Singh, 구르 람다스Guru Ramdas, 시바지Shivaji 같은 지도자입니다.* 인도는 크리슈나**를 원합니다."9

'황금시대'로 거슬러 올라가는 것을 현재 투쟁의 수단으로 삼는 것은 당연하다. 마르크스는 다음과 같이 밝힌 바 있다.

> 인간은 스스로 역사를 만든다. 그러나 마음대로, 즉 자신이 선택한 상황 하에서만 그런 것이 아니라 이미 존재하는 상황 하에서 만든다. 모든 죽은 세대의 전통이 마치 꿈속의 악마처럼 살아 있는 세대의 머리를 짓누른다. 그리고 살아 있는 세대들이 자기 자신과 사물을 변혁하고 지금껏 존재한 적 없는 무언가를 만들어내는 데 몰두하고 있는 것처럼 보이는 바로 그때, 그러한 혁명의 시기에 그들은 노심초사하며 과거의 망령을 주문으로 불러 내 봉사하게 하고, 그들에게 이름과 전투 구호, 의상을 빌린다. 그리고 이 유서 깊

---

* 구르 고빈 싱과 구르 람다스는 시크 공동체를 이끌던 지도자였고 시바지는 힌두왕국의 왕으로 영토를 지키기 위해 무굴제국과 전투를 벌였다.
** 〈바가바드기타(Bhagaradgita)〉에 등장하는 크리슈나는 형제간의 골육상쟁을 앞두고 고뇌하는 아르쥬나에게 전쟁의 필연성을 설교하였다. 간디 이전에 가장 명망 높았던 정치가 틸라크는 인도 독립 투쟁에서 '과격노선'이 필요하다는 것을 〈바가바드기타〉의 구절에서 이끌어냈다. 당시 혁명가들도 종교적인 영성을 통한 전투의식 고조를 〈바가바드기타〉 4장 7~8절의 '악한 자를 멸하기 위하여'에서 이끌어냈다. "오 바라타야, 언제나 올바른 것이 무너지고 그릇된 것이 성하는 때면 나는 곧 내 자신을 나타내느니라. 선한 자를 보호하기 위하여, 악한 자를 멸하기 위하여, 그리하여 정의를 다시 세우기 위하여, 나는 시대에서 시대로 태어난다."

바가트 싱

은 분장과 차용한 대사로 세계사의 새로운 장면을 연출한다.[10]

바가트 싱과 그의 동지들은 공화주의자협회 선언문에 나타난 종교적 낭만주의 이념에서 물러날 수 있었다. 그들이 이러한 개념과 단절한 것은 인도청년협회 선언에서 명백하게 드러난다. 바가트 싱이 초안을 작성한 인도청년협회의 여섯 가지 규칙 중 두 가지는 '코뮤날 이념을 가진 조직이나 정당과는 어떤 일도 하지 않는다'라는 것과 '개인적인 믿음의 문제로 종교를 공식적으로 고려하여 보편적 관용의 정신을 만들고 전적으로 이에 따라 행동한다'라는 것이다. 이것이 진정한 세속주의다. 반면 국민회의가 선동하는 '모든 진리는 모든 이에게 동등하며 서로에게 조화로운 것이다(sarva dharma sambhav)'라는 이념은 종교적 관용을 보이는 것 같지만 종교와 정치가 상호작용하여 파멸적인 결과를 가져올 길을 열어두었다. 영적인 것과 종교에서 영감을 찾는 과정은 명확하게 사회주의공화국협회의 선언 이후로 끝났다.

영성靈性에 등을 돌리고 세속주의로 향한 것이 중요한 단절이었다면 바가트 싱의 무신론자로서의 단언은 비범한 것이었다. "1926년이 끝날 무렵 나는 전지전능한 초자연적 존재가 우주를 창조하고 지도하고 관리한다는 이론이 근거가 없다는 것을 확신했다."[11] 그는 무조건적인 신앙에 대해 이성의 우월함을 주장하면서 "진보를 주장하는 사람이라면 오랜 믿음을 비판하고 불신하고 도전해야 한다. …… 이성도 때로는 잘못되거나 불합리할 수 있다. 그러나 이성은 잘못을 고칠 수 있다. 이성은 인생을 인도하는 별이기 때문이다. 그러나 전적인 믿음, 맹목적인 믿음은 위험하다. 그것은 두뇌를 둔하게 하고 사람을 반동적으로 만든다"라고 언급하였다. 그는 종교가 계급 착취를 지탱하는 중요한 역할을 한다고 폭로했다. "이 이론들은 특권층에 의한 발명품이다. 그들은 이와 같은 이론의 도움을 받아 권력과 부, 우월성을 강탈하고 이를 정당화한다. 초기 혁명가들의 종교성은 '스스로의 정치 활동에 대한 과학적 이해'의 부족에 기인한다. 그들은 이를 유지하기 위해 '비합리적 믿음과 신비주의'를 차용했다. "진보적인 혁명 이념을 가진 이들에게는 더 이상 스스로를 고무시키는 영감이 필요치 않으며 …… 인공적인 영적 조작장치 없이도 압제와 투쟁할 수 있다."[12]

죽음을 앞두고 바가트 싱의 무신론을 신에 대한 믿음으로 돌아서게 하려는 시도들이 있었다는 주장이 있다. 라호르 중앙감옥 간수장의 말에 의하면 이것은 새빨간 거짓말이다. 1931년 3월 23일 오후 3시 사형 집행 직전에 그는 바가트 싱에게 가서 신을 기억해 내고 구르바니 gurbani(시크 성서인 구루그란트Guru Granth의 말씀—옮긴이)를 암송할 것을 간청했다. 바가트 싱은 웃음을 터뜨렸다.

당신의 호의에는 감사드립니다. 그러나 죽을 때가 다 되어서 제가 신을 기억한다면 사람들은 바가트 싱을 겁쟁이라고 말하고 다음과 같이 조롱할 것입니다. '그는 평생 동안 신을 기억하지 않다가 죽음을 맞이해서야 갑자기 자기주장을 부인하게 되었다.' 그렇기에 저는 마지막 순간까지 제가 살아왔던 방식대로 살아가려 합니다. 많은 이들이 제가 무신론자가 되어 신을 믿지 않았던 것을 비난하

바가트 싱

인도 민족해방운동의 초기 상징인 벵골의 칼리 여신

겠지만, 그 누구도 바가트 싱이 정직하지 않았고 죽음 앞에서 다리를 부들부들 떠는 겁쟁이라고 평가할 수는 없을 것입니다.[13]

죽음 전날 바가트 싱은 그의 변호사인 프란 나스 메타Pran Nath Mehta에게 레닌의 전기를 가져다달라고 부탁했다. 그는 교수대로 가는 마지막 걸음을 떼기 전까지 레닌의 전기를 읽었다.

코뮤날리즘을
한솥밥으로 먹어 없애다

인도청년협회는 당시 모든 종교성을 넘어 세속주의에 서 있었다. 가입 전에 회원들은 모든 커뮤니티를 초월해 자신을 조국의 이해에만 바치겠다는 서약을 해야 했다. 그들은 청년들에게 건강한 세속적 민족주의 감정을 고취시키기 위해 자주 저녁식사 모임을 가졌다. 카스트와 신앙이 다른 이들이 초대되었고 각자 서로를 대접하였다. 교조적인 코뮤날 감정을 제거하기 위해 인도청년협회의 구성원들은 대중 강연을 하고 사회정치적인 문제에 대해 토론했다. 국민회의와 달리 그들은 다양한 종교적 믿음이나 'Alla-o Akbar(이슬람)', 'Sat Sri Akali(시크)', 'Bande Mataram(힌두)' 같은 구호들을 세속주의를 실천하기 위한 시위의 도구로 내세우지 않았다. 그 대신 'Inquilab Zindabad(혁명 만세)'와 'Hindustan Zindabad(인도 만세)'를 내걸고 전국에 혁명을 불러 일으켰다.[14]

시크교도의 바가트 싱 이용

힌두 극우 정당인 인도인민당은 바가트 싱을 이용하기 위해 그가 죽음 앞에서 힌두신에게 귀의하였다는 허위사실을 지어냈다. 또한 바가트 싱이 시크 민족주의에 속해 있지 않음을 보여주기 위해 재판 과정에서 시크교도로서 착용해야 할 터번을 벗어버리고 금지된 면도와 이발까지 하였음에도 극우 시크교도들 역시 그를 그냥 두지 않았다. 1914년에서 1915년 사이 시크 개혁운동인 구르드와라Gurdwara 개혁운동에 참가하여 시크교도 중 최초로 투옥된 바이 란디르 싱Bhai Randhir Singh은 그의 자서전을 통해 감옥에서 만난 바가트 싱에 대해 이야기했다.

그 중 한 부분을 보면 시크 개혁운동이 힌두나 영국으로부터 빼앗긴 성직자로서의 '권리'를 되찾기 위한 것일 뿐 진정성에는 의문이 생길 수도 있을 것이다. 시크교 정치집회 때 전원 노란 터번을 한 시크교도들이 노란 터번을 두른 바가트 싱의 초상화를 걸고 앉아 있는 것을 보면 이들이 소수인 것이 얼마나 다행인가라는 생각이 든다. 시크교의 성자로 추앙받는 이가 바가트 싱에 대해 아래와 같은 이야기를 들려주었기 때문에 바가트 싱은 우파 시크교도들 사이에서는 시크교도로 인식되고 있다. 시크교의 성자로 추앙받는 이까지 이러하다면 인도에서 코뮤날리즘이 얼마나 심각한지 알 수 있다.

(바가트 싱) "저는 당신의 바람에 복종할 준비가 되었습니다. 저는 정말 수치스럽지만 당신께 솔직히 모든 것을 말씀드릴 준비가 되었습니다. 제가 머리와 수염을 깎은 것은 주변의 압력 때문이었습니다. 나라를 위한 것이었습니다. 제 동료들이 저에게 시크의 외양을 포기하고 비렁뱅이처럼 보일 것을 강요했습니다. 제가 종교적 상징에 대해서 불경함을 보이도록 강요받은 것은 믿음이 없는 사람들과 어울렸기 때문입니다. 그러나 지금 당신이 제게 원하시는 것이 있다면 무엇이든 할 것입니다."

나는 믿음을 향한 태도로 회개하고 있는 겸손한 바가트 싱을 기쁜 마음으로 바라보았다. 솔직히 사실을 털어 놓는 그의 태도는 매우 감동적이었다. 그러나 속마음을 성급하게 표현할 수는 없었다. 나는 그에게 말해주었다.

"형제여. 나는 당신이 내게 보여준 사랑에 깊이 감동받았다오. 또 당신의 봉사정신과 애국적 열정에 감동받았소. 그러나 형제여, 당신에게 말해주어야 할 것이 있소. 당신의 친구들은 당신에게 옳은 충고를 해주지 않았어요. 당

죽은 후 시크 코뮤날리스트들에 의해 시크교도가 된 바가트 싱
시크교도의 언어인 펀자브어로 '민중들의 삶을 변화시키는 것은 순교자
의 피다. 세계적인 지도자(Sadi dunia te Sardari) 바가트 싱'이란 글씨가 적
혀 있다.

신은 하찮은 것을 추구하고 악마와 친구들의 잘못된 제안
의 제물이 되었소."

(중략)

(바가트 싱) "저는 다시 시크교의 정체성을 가져야 할 것
같습니다. 그러나 그렇게 하면 친구들과 두트의 공감을 잃
게 됩니다. 그리고 제가 지금처럼 하지 않았다면 대중적
으로 유명해지지 못했을 것입니다. 저의 희생은 1914년과
1915년 자유의 희생자들(시크 종교개혁운동가들을 의미함-
옮긴이)과 비교하면 하찮은 것이 사실입니다. 그러나 그런
엄청난 희생을 치르고도 그분들은 유명세나 칭송은 물론

신문에 보도조차 되지 않았습니다. 시크 신문은 구독자 수가 한정되어 있습니다. 당신 같은 애국자들의 영웅적 행동이 모든 사실을 드러내지는 않았습니다. 그 이유는 그들의 소심한 정책이 무엇이든 솔직하게 적는 것을 막기 때문입니다. 제 이름을 유명하게 해준 것은 비시크계 신문들입니다. …… 제가 실천적인 시크교도라고 고백하고 시크교도처럼 머리와 수염을 깎지 않았다면 비시크계 신문들은 저에 대해 적지 않았을 것입니다. 그들이 당신과 당신의 동료들에 대해 적지 않았던 것처럼 말입니다."

(중략)

(바가트 싱) "당신은 바가트 싱이 신을 믿는 사람이며 시크교도로서 완전한 영혼의 믿음을 가지고 죽는 것을 기뻐할 것입니다. 저는 죽는 것이 아니라 승천할 것입니다. 승천이란 아름다운 말입니다. 영혼은 육체를 넘어 죽음을 넘어선다는 것을 드러내줍니다. 육신을 떠난 영혼은 하늘로 올라가도 죽지 않을 것입니다. 다시 태어날 것이며 어머니 조국을 위해 일하게 될 것입니다. 당신과의 면담에서 얻은 것이 너무나 많습니다."[15]

카스트의 족쇄를 부수고

바가트 싱의 신에 대한 거부는 신성한 권위인 사회제도의 부정으로 확장되었다. 1928년 6월 〈키르티〉에서 비드로히Vidrohi라는 필명으로 쓴 '불가촉천민의 문제'라는 제목의 글에서 그는 카스트시스템과 불가촉천민 같은 사회제도를 딱 잘라 거부하였다.

> 문제는 인도의 3억 인구들 중에서 6000만 명이 닿기만 해도 종교적으로 오염된다는 불가촉천민으로 불리고 있는 것이다. 신들은 그들이 사원에만 들어와도 분노하고 우물에서 물을 길으면 우물이 불결해진다고 한다. 20세기에 이런 문제가 일어난다는 것은 부끄러운 일이다.

그는 이 족쇄를 부숴버리고자 했다.

> 당신들이 진짜 프롤레타리아다. …… 당신들 스스로를 조직하라. …… 지배적인 사회체제에 반란을 일으켜라. …… 사회운동을 통해 혁명을 만들고 정치·경제적인 진화를 준비하라. 당신들이 이 사회의 가장 근본인 잠든 사자들, 진정한 힘이다. 반란을 일으켜라.[16]

마지막 유서

바가트 싱의 가장 원숙한 마지막 작업인 '정치적 노동자 청년들에게 보내는 서신'은 1931년 2월 2일 그 앞에 죽음의 그림자가 짙게 드리워졌을 때 작성되었다. 당시는 민족운동의 거대한 상승기였다. 국민회의는 1929년 12월 31일 라호르 회기에서 완전한 독립을 위한 결의를 채택했고, 1930년 1월 26일을 독립일(현재 독립일은 영국이 실제로 물러갔던 8월 15일이지만 이 날 역시 공휴일로 지정하고 있다—옮긴이)로 지정했다. 온 나라가 삼색기tricoulour(현재 인도의 국기—옮긴이)로 뒤덮었다. 1930년 3월 16일부터 4월 6일까지 간디의 단디Dandi 행진, 소금 행진salt satyagraha과 함께 시민불복종운동이 시작되었다.

단디행군은 대중 프로그램이 아니었고 71명의 간디 추종자들로 제한되어 있었다. 간디는 소금법 후에 삼림법을 철폐하자고 외쳤으나 지세와 지대는 거부하지 않았다. 지주 역시 인도인이었으므로 농민들이 소작료를 내지 않으면 민족운동이 분열될 수 있기 때문이었다. 이와 함께 그는 '규율discipline'과 비폭력 유지에 대해 걱정해야 했기 때문에 조심스럽게 운동이 설정된 한계를 넘지 않도록 애썼다.

그러나 간디는 민중들의 분노와 완전한 독립 결의가 가져다 준 새로운 열정의 물결을 계산하지 못했다. 민중들의 고조 이외에도 수백만 명이 스스로 시위와 행진, 파업에 나섰고 1930년에만 50여 건이 넘는 '테러' 활동들이 기록되었다. 그중 가장 돋보이는 것은 수리야 센Surya Sen 혹은 마스테르다Masterda라고 불리던 전설적인 지도자가 1930년 4월

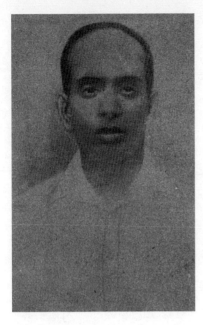

수리야 센

치타공은 현재 방글라데시의 영토로 병기고 습격사건의 지도자 수리야 센은 현상금을 노린 밀고자에 의해 체포되어 교수형에 처해졌다. 그러나 이 밀고자는 현상금을 받기도 전에 수리야 센의 동지에 의해 자신의 집에서 목이 날아갔다. 경찰이 목이 잘려나간 밀고자의 아내에게 남편을 죽인 자를 대라고 하자 아내는 이렇게 말했다. "내 남편을 죽인 자의 이름은 나를 죽인다고 해도 말할 수 없다. 우리는 모두 수리야 센을 사랑했다."

23일 치타공Chittagong의 병기고를 습격한 사건이다. 당일 힌두 병사들로 구성된 가활연대Garhwal Regiment 소속의 찬드라 싱 가활리Chandra Singh Garhwali와 그의 소대는 인도 북서쪽 국경 페샤와르의 파탄pathan 족(아프가니스탄 인구의 34.6퍼센트를 차지하는 다수민족으로 현재 탈레반과 복잡한 관계를 유지하고 있다. 파키스탄과 북서 인도에 소수가 거주하고 있다—옮긴이) 형제들에게 발포하는 것을 거부했다. 1930년 5월 7일에는 마하라시트라 Maharashtra 주의 솔라푸르Solapur에서 총파업이 있었는데, 그들은 영국인들을 몰아내고 도시를 점령한 후 계엄령이 내려지기 전인 5월 16일까지 10일간 별도의 정부parallel government를 운영하였다.

이런 배경 속에서 바가트 싱은 정치 상황을 주도적으로 분석했다.

그는 해방 투쟁에서 부르주아가 지도하는 주류의 성격과 한계를 날카롭게 분석했다. 그가 "현재의 투쟁은 타협으로 끝나거나 전적으로 실패할 것이다"라는 결론을 내릴 수 있었던 것은 아래와 같은 이유에서였다.

> 지금 진정한 혁명 세력들은 무대에 초대받지 못했다. 이는 투쟁이 중간 계급인 상인들과 소수의 자본가들에 의존하고 있기 때문이다. 이 둘, 특히 후자는 투쟁에서 자신들의 재산이나 소유물을 절대 잃으려 하지 않을 것이다. 진정한 혁명군대는 촌락과 공장에 있는 농민과 노동자들이다. 그러나 우리 부르주아 지도자들은 그들과 감히 맞붙지 않을 것이며 그럴 수도 없을 것이다. 지도자들이 성취한 것을 이루고 난 후라고 해도 잠자는 사자가 한번 깨어나기만 한다면 억누를 수 없을 것이다. (중략) 1920년 마하트마 간디는 주장했다. "우리는 절대 노동자들을 끌어들여서는 안 된다. 공장 프롤레타리아를 이용하는 것은 위험하다." 이 때문에 지도자들은 노동자들에게 다가가려고 하지 않는다. 이는 농민들에게도 해당된다. 1922년 바르돌리 결의Bardoli resolution에서는 농민 계급의 거대한 투쟁으로 지도자들이 느낀 공포를 명쾌하게 정의하고 있다. 우리 지도자들은 농민보다 영국에 항복하는 것을 더 좋아한다.[17]

간디의 시민불복종운동이 타협으로 끝날 것이라는 예측은 문서가 만들어진 지 한 달이 채 되지 않아 진실로 드러났다. 그가 예측하지 못했던 것은 그의 운명이 같이 봉인된 1931년 5월 5일에 이루어진 '간디-어윈협정'이다.

'정치적 노동자 청년들에게 보내는 서신'에서 그가 혁명의 목표를 달성하기 위한 전제로 명확한 강령이 필요하다는 점을 강조한 것도 중요하다.

> 혁명 정당에는 명확한 강령이 절대적으로 필요하다. 당신들은 혁명이 무엇인지 알아야 한다. …… 이는 즉흥적·비조직적·자연발생적 변화나 파열 대신 조직적이고 체계적인 과업에 의해 신중하게 변화해야 한다는 것을 의미한다. 그리고 강령의 공식화를 위해 학습해야 할 것이 있다. (1) 목표, (2) 어디에서부터 시작해야 하는가, 즉 현재의 상황, (3) 행동의 과정, 즉 수단과 방법. 만약 이 세 가지에 대해 명확한 개념이 없다면 강령에 대해서 어떤 것도 토론할 수 없을 것이다. …… 우리는 사회주의 혁명을 원한다. 이와 뗄 수 없는 예비 조건은 정치혁명이다. …… 정치혁명은 국가(좀 더 거칠게 말하면 권력)의 양도를 영국인의 손에서 우리와 마지막 목표를 함께하는 인도인의 손으로 옮기는 것만을 의미하는 것이 아니고, 더 엄밀히 말하면 대중의 지지 하에 혁명 정당에게 권력을 이양하는 것이다. 그 후에 진행해야 할 것은 사회주의의 기초 위에서 전체 사회를 재조직하는 것이다.[18]

혁명의 선봉

당시 바가트 싱은 기존 국가와 지배계급을 성공적으로 전복시키는 것이 엄청나게 어려운 길이며, 수많은 난관과 소용돌이 그리고 전환 속에서 노동자계급과 여타 근로 인민들을 이끌 전위로서의 정당 없이는 혁명적 이행이 불가능하다는 것을 명확히 알고 있었다.

> 우리는—친애하는 레닌이란 단어를 사용하여—'전문적인 혁명가들', 즉 혁명을 제외하고는 어떤 일에도 야망이 없는 사람들이 필요하다. …… 이를 체계적으로 진행하기 위해 가장 필요한 것은 명확한 이념과 예리한 직관, 일을 착수시킬 수 있는 능력, 신속한 결정력을 갖춘 노동자들과 함께하는 정당이다. 정당은 철저한 규율을 가져야 하며 반드시 '지하 정당'이어야 하는 것은 아니다. …… 정당은 대중 선동 작업으로 시작하는 것이 좋다. …… 노동자와 농민을 조직하기 위해서는 적극적인 공감을 확보하는 것이 필수이다. 이와 별도로 조직적인 전투 부서도 필요하다. 이것은 아주 중요하다. 이런 요구는 때로 옳지 않다고 여겨진다. 그러나 이런 것들이 부족하면 활동을 효율적으로 유지하는 수단과 더불어 조직을 형성하는 것이 불가능하다.[19]

바가트 싱은 레닌의 《무엇을 할 것인가》에서 체계화된 정당의 개념에 영향을 받았다. 이 저술은 젊은 활동가들이 조급함을 참고 개인주의와 공포를 이김으로써 이 문서에 포함된 강령을 완수할 수 있도록 하기 위한 바가트 싱의 강한 호소로 끝을 맺는다.[20]

만약 당신들이 이 노선을 따르려면 아주 침착해야 한다. 강령을 완수하기 위해서는 적어도 20년의 시간이 걸릴 것이다. 1년만에 자치를 이루겠다는 간디의 허울뿐인 약속* 때문에 10년이 흐르는 동안 우리는 혁명의 젊은 꿈을 뒷전에 두고 있었다. 이것은 어떠한 감정도 어떠한 죽음도 요구하지 않는다. 인생은 쉴 새 없는 투쟁이자 고통이며 희생이다. 우선 자신을 분쇄하고 개인적인 안락을 흩어버려라. 그리고 과업에 착수하라. 그렇게 하면 당신은 조금씩 전진할 수 있을 것이다. 이는 용기와 인내와 과감한 결단이 요구된다. 어떠한 어려움과 고난도, 어떠한 실패와 배신도 당신을 낙담시킬 수 없을 것이다. 어떠한 산고產苦도 마음속의 혁명의 불꽃을 끌 수 없을 것이다. 고통과 희생의 시련을 통해서 당신은 승리하게 될 것이다. 그리고 이러한 개인의 승리는 혁명의 귀중한 자산이 될 것이다.

혁명 만세!

1931년 2월 2일

'정치적 노동자 청년들에게 보내는 서신'은 사회주의, 혁명 전략의 필요성, 전략을 성취하기 위한 공산주의 정당 건설의 중요성, 혁명 투쟁

---

* 간디는 시민불복종운동을 시작하기 전에 1년 안에 독립을 달성하겠으니 혁명가들에게 활동을 중단해줄 것을 정식으로 요청했다.

의 장기적인 성격에 바탕을 둔 뛰어난 저작이다. 그는 개인 테러리즘에 대한 거부와 함께 혁명 투쟁과 이행의 주요 측면들을 마르크스주의 이념으로 보고 있음을 드러냈다.

그럼에도 불구하고 약간의 혼란은 남아있다. 이는 라나디브_{B. T.} Ranadive에 의해 지적되었다.

> 지하 조직은 정당의 활동 분대이거나 활동 그룹일 뿐이다. 이는 정당의 정치적 지도력이 아니며, 바가트 싱의 마음이 혼란스러웠다는 것을 보여준다. 확실히 그는 공개적 합법 정당을 형성하여 활용할 수 있는 기회를 잡지 못했다. 그리고 모든 지하 활동들을 개인적인 행동을 위한 음모적인 그룹의 활동들과 동일시한 것으로 보인다. 그게 아니라면 영국의 지배 하에서 직업 혁명가 정당의 합법적인 존재를 인식하지 못하고 있었을 것이다.[21]

공산당은 초기에 영국 당국에 의해 불법으로 선언되었고, 이는 대부분의 식민지배 기간인 1942년까지 지속되었다.

다른 저술들

바가트 싱은 랄라 람 사란 다스가 1915년 1차 라호르 공모사건으로 종신형을 선고받은 후 감옥에서 저술한 《꿈의 나라_{The Dreamland}》의 서문을 적어달라는 요청을 받았다. 석방 후 람 사란 다스는 사회주의공화국협회에 가입했고 2차 라호르 공모사건에 연루되어 체포되었다. 그는 서문을 부탁하면서 초고를 바가트 싱에게 주었다. 서문에서 바가트 싱은 람 사란 다스의 혁명, 신, 종교, 영성, 폭력, 비폭력 등에 관한 공상적 접근을 비판했다. 그러나 그는 이 책을 물리치지 않았고 20세기 초 혁명가의 이념을 반영하고 있다면 역사적 가치가 있기에 수정할 필요는 없다고 했다. 더 중요한 것은 그가 "나는 이 책을 특히 젊은이들에게 강력하게 추천한다. 단, 경고하자면 맹목적으로 읽거나 이 안에 적혀 있는 것들을 모두 당연하다고 받아들이지 말길 바란다. 읽어라. 비판하라. 계속 생각하라. 이 책의 도움으로 자신의 생각을 형성할 수 있도록 하라"[22]라고 말한 것이다. 그는 논점에 대해 명확한 입장이 있었지만 동의하지 않는 시각이라 해도 경멸적으로 물리치지 않았다. 또한 다른 이들의 시각을 맹목적으로 받아들이기보다 결론을 독자들 스스로 그려볼 것을 호소했다. 이는 보기 드문 일이다. 당시 혁명가들의 저술은 대부분 독자들에게 이성적인 질문을 하기보다는 자신의 제안이나 입장을 받아들이라는 압박 위주의 톤으로 적혔다.

위에서 언급한 것 이외에도 바가트 싱은 네 권의 팸플릿을 작성했는데, 이것들은 모두 마지막 복역기간 동안 적은 것으로 '사회주의 이념', '자서전', '인도 혁명운동의 역사', '죽음 앞에서'이다. 이것이 에세이인지 책인지, 그리고 책이라면 어느 정도 분량인지는 확실히 알 수는 없다. 이 저술들은 분명 감옥 밖으로 빠져나갔지만 결국 소실되었다. 이는 큰 비극이다. 이 저술들이 있었다면 의심할 바 없이 인도 혁명 문헌의 시금석이 되었을 것이다. 현재 남아 있는 것은 젊은 혁명가가 간직했던 옥중 노트뿐이다. 이 노트는 앞서 언급했다시피 감옥에서 그가 읽은 방대한 분량의 독서에 관한 필기들이다. 이것을 유심히 살펴보면 소실된 원고에도 그가 얼마나 많은 주제들로 글을 썼을지 추측해볼 수 있다.[23]

순교를 향하여

1930년 5월 28일 사회주의공화국협회는 큰 타격을 입었다. 이론적 지도자로 중요한 저작들을 몇 권 저술했던 보라가 라호르의 라비Ravi 강 둔덕에서 강력한 폭탄을 실험하다가 사망하고 만 것이다. 그는 바가트 싱과 동지들을 감옥에서 구해 내기 위해 폭탄을 제조하고 있었다. 그는 "이 사고를 슬퍼하지 말라. 아직 바가트 싱과 친구들을 구해야 할 과업이 남아 있다"라고 마지막 말을 남겼다고 한다. 1930년 10월 7일 라호르 공모사건의 특별 법정은 바가트 싱, 라지구르, 수크데브에게 사형을 선고했다. 나머지 7명—키쇼리 랄, 마하비르 싱, 비조이 쿠마르 신하, 쉬브 베르마, 가야 프라사드, 자이데브 카푸르, 카말나스 테와리 Kamalnath Tewari—은 종신형을 선고받았다. 쿤단 랄 굽타는 7년 형을, 프레모 두트Premo Dutt는 5년 형을, 3명의 피고인 아조이 고쉬,* 자틴드라 나스 산얄, 데스 라지Des Raj는 무죄를 선고받았다.

---

* 인도-중국 전쟁 당시 인도공산당의 총서기로 중국을 방문하고 소련을 방문하는 등 사태의 수습에 노력하였으나 인도공산당은 대중으로부터 지지를 잃기 시작했다. 이후 인도공산당(마르크스주의)의 중앙위원이 된다.

라지구르의 초상화

수크데브의 초상화

학생들에게 보내는 메시지

앞에서 우리는 이 시기 바가트 싱의 독서와 주요 저작들에 대해 언급하였다. 그 외에 중요한 것은 그와 두트가 1929년 10월 19일 라호르에서 수바스 찬드라 보세Subach Chandra Bose의 사회로 열린 제2회 펀자브 학생 컨퍼런스에 보낸 메시지다.

> 오늘 우리는 청년들에게 총과 폭탄을 들 것인가에 대해 물어볼 수 없다. 학생들은 더 중요한 임무에 직면해 있다. 다가오는 국민회의의 라호르 회기에서는 조국의 독립을 위한 격렬한 전투가 요구된다. 청년들은 조국의 역사에서 이 어려운 시기의 위대한 부담을 짊어져야 한다. 학생들이 독립을 위한 투쟁의 전방에서 죽음에 직면해 있는 것은 사실이다. 이 시기에 동일한 충실함과 자신감을 보여주는 것을 주저할 것인가? 우리는 독립을 쟁취하고 인간에 의한 인간의 착취가 사라질 수 있도록 산업지대의 빈민가와 농촌의 무너진 가옥에 사는 잠든 수천만의 거주자들을 깨워야 한다.[24]

바가트 싱은 민족해방 투쟁의 진전에 유리한 조건들을 창출하려면 국민회의가 완전한 독립을 요청해야 한다는 것을 알고 있었다. 그럼에도 불구하고 그는 이를 과제로만 여겼기에 그것을 찬양하기보다는 노동자들이 독립과 사회적 해방을 위한 투쟁에 참여하도록 돕는 과업 쪽으로 학생들을 지도했다. 1928년 공산당이 지도하는 5만 명의 노동자와 급진적인 민족주의자들은 완전한 독립을 바라는 결의를 채택해 줄 것을 요구하며 회기가 열리는 캘커타까지 행진을 하고 몇 시간 동안 회기의 시작을 막았다. 이는 대표자들에게 엄청난 영향을 주었다. 결의는 결국 근소한 차이로 통과되지 못했는데 이는 간디가 주도한 불쾌한 반대 때문이었다. 바가트 싱은 민중들과 국민회의 다수가 라호르 회기에서 이 선언을 지지했다는 것을 감지했다.

삶의 기쁨을 위하여

사운더스 살해 사건에 대한 판결이 있기 전인 1930년에 쓴 편지에서 바가트 싱은 수크데브가 사형과 종신형에서 벗어나기 위한 유일한 대안으로 자살을 지지했을 때 이를 질책했다. 수크데브는 오랜 감옥 생활이 그들의 이상을 분쇄할 것이고 인생을 가치 없이 만들 것이라고 주장했다. 바가트 싱은 이를 '극악한 범죄이자 겁쟁이 같은 행동'이라고 거부한 후 물었다. "감옥 밖의 상황이 우리 이상에 비해 조금이라도 나을 것이 있는가? 그리고 실패했다는 이유로 우리의 이상을 버릴 것인가?" 바가트 싱은 수크데브에게 그가 굴욕을 받고 있다고 느낀다면 감옥의 조건을 개선하기 위해 선동할 것을 권고했다. 그는 투쟁의 무용함에 대한 수크데브의 답장을 기다리면서 이를 '약한 사람들이 참여를 회피할 때 사용하는 논쟁'이라고 비판했다. 또한 그는 슬퍼하거나 걱정하지 않으며 인생에서 최고의 가치를 얻고 인류를 위해 최대한 봉사하고 싶다는 욕망 때문에 결코 자살을 생각한 적이 없었다고 단

〈트리뷴〉 1면에 실린 사형 집행 보도

언했다.[25] 죽음조차 꺾을 수 없었던 인생에 대한 환희와 믿음은 전 세
계 여러 혁명가들의 특징이었다. 체코의 공산주의자인 푸치크Fuchik는
1942년 4월 게슈타포에게 체포되어 1943년 9월 나치에 의해 죽음을
맞이하기 전까지 최악의 고문을 당했다. 감옥에서 그가 남긴 메모들은
후에 감동적인 책으로 엮어졌다.

나는 삶을 사랑했고 그 아름다움을 위해 투쟁했다. …… 슬픔

이 결코 내 이름 뒤에 따르는 일이 없도록…… 눈물이 슬픔의 찌꺼기를 씻어준다고 생각되면 잠시 울어도 좋다. 그러나 나를 가련하다고 생각하지는 말길 바란다. 나는 기쁨을 위해 살고 기쁨을 위해 죽어가는 것이다. 나의 묘지 위에 슬픔의 천사상을 세운다면 내 의미를 손상시키는 일이 될 것이다.[26]

바가트 싱은 해방 투쟁에서 죽음을 그들의 마지막 목표이자 보상으로 여기며 영광을 부여했던 초기의 많은 혁명가들과 달랐다. 그는 1930년 11월 사형선고가 내려진 직후 두트[*]에게 쓴 편지에서 죽음을 용감하게 받아들이겠다는 결의를 보였으나 이를 이상화하지는 않았다. 또한 혁명가라면 대의를 앞당기기 위해 모든 상황을 활용할 줄 알아야 한다고 강조했다.

나는 기쁘게 교수대 위에 올라 혁명가들이 대의를 위하여 얼마나 자신을 희생할 수 있는지 보여줄 것이다. …… 당신은 살아갈 것이다. 그리고 살아가면서 혁명가들이 이상을 위해 죽는 것만이 아니라 모든 고난을 이겨내기도 한다는 것을 세상에 보여주어야 한다. 죽음이 세상의 어려움으로부터 벗어나는 수단이 되어서는 안 된다. 교수대로부터 우연히 벗어난 혁명가들은 이상을 위해 교

---

* 두트는 석방 후에도 계속 투쟁을 하면서 감옥을 드나들었다. 독립 이후 국민회의는 그를 좌익 독립운동가라면서 인정하지 않았고 그는 결국 아무런 보상도 받지 못한 채 병마와 가난에 시달리다 1965년 쓸쓸히 죽었다.

수대를 받아들이는 것만이 아니라 어두침침한 감옥에서 가장 악랄한 고문에도 견딜 수 있다는 것을 보여주어야 한다.[27]

무한한 용기

사형선고가 떨어지기 전후 마지막 옥살이 기간 동안에 그는 무한한 용기와 혁명에 대한 헌신을 보여주었다. 한 혁명가가 격렬한 전투 중에 사망하면 남은 이들 역시 자신도 어느 특정한 날에 죽을 수 있다는 사실을 용감하고 침착하게 받아들이게 된다. 이 꺾이지 않은 용기와 혁명에 대한 전념은 그가 1930년 10월 4일 아버지에게 보낸 편지에 드러난다. 1930년 9월 20일 그의 아버지는 바가트 싱이 사운더스 살해 사건에 대해 결백하다는 증거가 있으니 아들에게 이를 증명할 기회를 주어야 한다는 청원을 내었다. 격분한 바가트 싱은 그의 아버지에게 〈트리뷴〉 매체의 공식 서신으로 답변을 대신했다.

제 생명은 적어도 저에게는 소중하지 않습니다. 아버지께서는 아마도 소중하게 생각하시겠지요. 그러나 제 원칙을 팔만큼 가치 있는 것은 아닙니다. 제 동지들도 저와 마찬가지로 진지합니다. 우리는 모두 끝까지 가기로 결정했습니다. 우리가 치러야 할 개인적 희생이 아무리 크더라도. 아버지…… 솔직히 말씀드리자면. 저는 지금 제 등에 칼을 맞는 기분입니다. 다른 이가 그랬다면 저는 배신 이외에는 그 무엇도 아니라고 간주했을 것입니다. 그러나 아버지라

바가트 싱

면 약점, 최악의 약점이라고 말하겠습니다. 지금은 모두가 자신의 용기를 시험받는 시간입니다. 아버지께서는 잘못하셨습니다. 저는 아버지가 더할 나위 없는 애국자로 인도 독립의 대의를 위해 인생을 바쳐온 것을 알고 있습니다. 그런데 왜 지금에 와서 이런 나약함을 보이시는 것입니까?[28]

이 용맹스러움은 최후의 순간까지 약해지지 않았다. 바가트 싱, 라지구르, 수크데브는 펀자브 주지사에게 편지를 보내 그들은 영국과의 전쟁에서 싸웠고 현재 전쟁포로이므로 교수가 아니라 총살시켜줄 것을 요구했다.[29] 바가트 싱의 마지막 편지는 사형 집행 전날인 1931년 3월 22일자였다. 2차 라호르 공모사건으로 판결을 받은 다른 이들이 "살고 싶은가?"라고 물었을 때 그는 이렇게 밝혔다.

살고 싶다는 욕망은 자연스러운 것이다. 내게도 마찬가지다. 이것을 숨기고 싶지는 않다. 그러나 이것은 상황에 따른 것이다. 나는 죄수로서 또는 구속 아래서 살고 싶지는 않다. 혁명 정당의 이상과 희생은 내가 살아서 올라갈 수 없는 곳까지 나를 올려주었다. 내가 교수대를 피한다면…… 혁명의 상징도 바랠 것이다. 그러나 내가 웃으면서 용감하게 교수대 위에 올라간다면 인도의 어머니들을 고무시킬 것이고 당신의 아이들이 바가트 싱이 될 것을 열망할 것이다. 수많은 사람들이 기꺼이 생을 조국의 자유를 위해 희생한다면…… 혁명의 흐름으로 제국주의는 불가능해질 것이다.[30]

동지애, 겸양 그리고 자기비판

　바가트 싱은 나이를 뛰어 넘는 범상하고 빈틈없는 젊은이로 지혜롭고 근면했으며, 금전이나 명예에 집착하지 않았고 혁명의 대의에 전적으로 헌신했다. 또한 지도자로서 영감을 주었고 날카로우면서 다정했다. 혁명운동은 충분한 소양과 능력을 가진 민중을 끌어당긴다. 그러므로 지도자는 개인의 능력을 정확히 평가해 이들을 적절한 과업에 배치하는 것이 중요하다. 이 과정에서 지도자는 그들에게 배치된 과업의 성격에 관여하지 않아야 하고 운동이 전진하고 있다는 것을 느끼게 해야 한다. 바가트 싱이 그 중요성을 초창기부터 알고 있었다는 것은 쉬브 베르마의 회상에서 알 수 있다. 베르마는 1925년 칸푸르에서 바가트 싱과 짧은 첫 만남을 가졌다. 바로 감옥에서 람 프라사드 비스밀Ram Prasad Bismil의 탈옥을 돕는 데 어떤 혁명가들을 선출해야 할지 논의하고 있을 때였다. 베르마는 체구가 작아 뽑히지 못했는데 그가 실망했다는 것을 느낀 바가트 싱은 이렇게 말했다.

　　보석은 건축물의 아름다움을 더해주고 그것을 가진 이를 빛나게 할 수 있지만 건물의 기초는 될 수 없다. …… 어깨에 무거운 짐을 지더라도 오래 갈 것을 지키고 바로 세우자. 지금까지 우리는 많은 보석들을 구했으나 기초가 될 돌들은 아직 모으지 못했다. 우리는 이런 주춧돌이 필요하다. …… 희생에는 두 가지 형태가 있다. 총탄과 단두대 앞에서 죽는 것, 이는 대단한 활력이 요구되나 고통은

적다. 또 하나는 뒤에 머무르며 전 생애에 걸쳐 건물의 무게를 견뎌 내는 것이다. …… 불길을 계속 유지하려면 램프의 등이 어두워져서는 안 된다. 전자와 비교하면 이런 사람들의 희생이야말로 숭고한 것이 아닌가?[31]

진정한 혁명가의 징표는 겸양과 자기비판을 할 수 있는 능력에 있다. 바가트 싱은 그의 저술 '나는 왜 무신론자인가'(1930)에서 이러한 소양을 보여주었다. 그는 겸손하게 적고 있다. "나는 성실하거나 열성적인 소년은 아니었다. …… 오히려 훗날 일을 하는데 비관적인 기질을 가진 부끄러움을 잘 타는 소년에 가까웠다."[32] 여기서 눈에 띄는 것은 바가트 싱이 자신의 과거를 말할 때 어떤 허세도 부리지 않았다는 것이다.

혁명가의 인생에서 사랑이 점하는 위치에 대해 다룬 '수크데브에게 보내는 편지'에서도 그의 겸양과 감수성을 엿볼 수 있다.

사랑의 도덕적인 상태에 관해서라면 나는 아마도 그 안에 열정만이 있다고 말할 것이다. 이것은 동물적인 열정이 아니라 인간만이 가진 것으로 매우 달콤한 것이다. 사랑 그 자체는 동물적인 열정이 될 수 없어. 사랑은 언제나 인간의 품성을 고양시켜주지.

그는 관념론에 대해 자기 비판적 분석을 하고 동지들에게도 아래와 같은 생각을 고취시켰다.

우리는 근본적인 이상을 가지고 있음에도 불구하고 아직도 관념
적인 아리아 사마지_{Aria Samajis}*의 도덕 개념을 제거하지 못했다. 우
리는 급진적인 것에 대해 이야기한다. …… 그러나 실제 삶에서는
처음부터 떨기 시작한다. …… 내가 당신들에게 과잉된 관념론의
기준에서 조금 내려와 뒤따라 살아갈 이들을 괴롭히지 말고 희생
자가 될 것을 요구해도 괜찮겠는가? 그들을 비난하여 그들의 비애
를 더하지 말라. 그들은 당신의 공감이 필요하다.[33]

바가트 싱과 동지들은 부르주아 신화학이 자주 투영하는 무감각하
고 일차원적이면서 노여움을 쏟아내고 오직 목적만을 생각하는 혁명
가들의 이미지와 차별된다.

동지들이 가졌던 인상

바가트 싱은 진실함, 열정, 온화한 기질과 지성으로 그가 만난 모든
이들에게 강한 인상을 주었다. 동지들 중 쉬브 베르마와 아조이 고쉬
는 그의 첫 인상을 기록해두었다. 쉬브 베르마와 바가트 싱은 카코리
열차 습격 사건과 비스밀과 참가자들이 체포된 직후인 1925년 칸푸르
에서 처음 만났다. 당시 베르마와 자이데브는 학생이었고 비스밀을 감
옥에서 탈주시키기 위해 필사적으로 노력하는 혁명가 그룹에 소속되

---

* 19세기 후반에 시작된 힌두교 부흥운동으로 베다의 시대로 돌아가는 것을 슬로건으로 내세웠다.
  인도 근대화의 첫 단추를 채운 벵골 르네상스의 선구적인 운동이었다.

어 있었다. 이때 베르마에게 한 청년으로부터 편지가 도착했다. 바가트 싱이었다. 그는 다음과 같은 말로 바가트 싱에 대한 첫 인상을 기록했다.

> 내 앞에 서 있는 그를 보았다. 더러운 샬와카미shalwar-kameez(통으로 된 무릎까지 내려오는 인도의 민족의상. 네루가 항상 입고 있었던 것으로 지금도 인도에서는 정장이다-옮긴이)를 입고 어깨에 담요를 두르고 있었는데, 키가 크고 흰 얼굴에 터번을 두른 시크 청년이었다. 통찰력 있어 보이는 작은 눈과 잘 생긴 얼굴에 성긴 수염이 있었다. …… 그는 마치 오랜만에 만난 친구처럼 나와 포옹하고 내 손을 잡고 그의 방인 것처럼 나를 내 방으로 데려 갔다. …… 그의 단순한 행동과 정직한 웃음은 첫 만남에서 완전히 나의 경계심을 풀게 했다.[34]

독립 후 인도공산당의 총서기가 된 아조이 고쉬는 바가트 싱을 처음 만났을 때 15세의 소년이었다. 그는 그때 바가트 싱에 대해 특별한 인상을 받지 못했다고 회상한다.

> 1923년 어느 때인가 바가트 싱을 만났던 것 같다. …… 카운포르Cawnpore(칸푸르의 옛이름-옮긴이)의 두트가 그를 소개해주었다. 키가 크고 마른 누추한 옷차림의 아주 조용한 사람으로 전형적인 시골 청년 같았다. 세련되지도 않고 신념도 없어보였다. 나는 그를 그렇

아조이 고쉬
인도공산당 총서기로 중국을 방문하여 모택동과 유소기를 만나
고 있다.

게 높게 평가하지 않았고 두트에게도 그렇게 말했는데……

그러나 몇 년 후 고쉬는 완전히 달라진 바가트 싱을 만나고 무척 놀
랐다.

1928년 어느 날 내 방으로 걸어 들어와 인사를 하는 것을 보고
아주 놀랐다. 바가트 싱이었는데 내가 이전에 만났던 그가 아니었
다. …… 큰 키에 당당히 균형 잡힌 체격, 명민하고 지적인 얼굴에
빛나는 눈을 하고 있었다. 그는 완전히 다른 사람처럼 보였다. 그
와 이야기를 나누고 나서 나는 그가 나이만 먹은 게 아니라는 것
을 깨달았다. …… 당시 바가트 싱을 만난 모든 이들은 훗날 그의
뛰어난 지성과 강한 인상의 증인이 되었다. 그는 달변가라서가 아
니라 패기와 열정, 진실함을 가지고 말했기에 모든 이에게 강한 인

상을 남길 수 있었다. 우리는 밤을 새워 이야기했고 함께 거리를 거
닐었다. …… 우리 조직에 새로운 시대가 드리우고 있는 것 같았다.
그 덕분에 우리가 무엇을 원하고 있으며 어떻게 목표에 도달할 것
인지를 알게 되었다.

간디, 국민회의, 혁명가들

이 장을 끝내기 전에 또 다른 문제인 혁명가들과 국민회의, 특히 최
고 지도자인 간디와의 관계를 다뤄야 할 것이다. 비록 초기에 바가트
싱과 동지들은 간디와 국민회의의 타협적인 방법에 대해 비판적이었지
만 대중을 동원하는 간디의 역할은 언제나 인식하고 있었다.

마하트마 간디는 위대하다. 우리는 해방을 위해 그가 주장하는
방법들을 절대 인정할 수 없다고 표현했지만 그를 경멸하는 것은
아니다. 그가 비협력운동으로 가져다준 거대한 각성에 경의를 표하
지 않는다면 우리는 배은망덕한 자들이 될 것이다. 그러나 우리가
보기에 마하트마는 불가능한 선각자이다.[35]

한편 간디는 혁명가들에게 극단적으로 무자비했다. 1925년에 그가
한 발언을 고려해보자.

혁명가들의 희생, 고귀함과 사랑은 노력의 낭비일 뿐만 아니라

무지하고 잘못 지도받은 것이며, 다른 어떤 활동보다 나라에 큰 해 악을 끼쳤다. 혁명가들은 나라의 진보를 더디게 하고 있다.[36]

부르주아 정치 지도자들 중 가장 탁월했던 간디는 혁명가들이 위협 적인 존재가 될 것임을 감지했다. 그가 감지한 것은 혁명가들이 대중을 모이게 하는 직접적인 능력이 아니다. 그들의 활동과 대중성으로 인해 민중들이 부르주아 계급의 이해에 반하는 투쟁 수단을 찾게 될 것이라고 생각했던 것이다. 이 적개심은 바가트 싱과 동지들에게만 해당되는 것이 아니라 혁명의 주류였던 공산당에게도 마찬가지로 반영되고 있었다.

바가트 싱의 사형 집행 전에 간디는 어윈과 협상을 하는 조건으로 혁명가들의 형을 사형에서 종신형으로 바꾸어 그들의 생명을 구할 수 있었을지도 모른다. 탁월한 법 전문가이자 정치 평론가인 누라니A.G. Noorani는 이렇게 말했다.

정말 유감인 것은 2월 18일부터 3월 22일까지 간디가 한 역할이다. 간디는 1929년 9월 중앙의회에서 인종주의를 드러냈던 에머슨Emerson을 3월 20일이 되어서야 만나 이후 혼란을 어떻게 처리할 것인지 논의했다. 이것은 그가 내무부 장관을 만나 간디 스스로 칭찬했던 애국자의 처형 이후 표출되는 민중의 분노를 영국이 어떻게 막을 것인가에 대해 협의했던 것보다 더 악랄했다. …… 간디는 단독으로 바가트 싱의 생명을 구하는 데 효과적으로 개입할 수 있

바가트 싱

었지만 끝까지 그를 구하지 않았다. 이후 그가 '나는 끝까지 총독을 설득하였다'라고 주장한 것은 40년 뒤 발견된 기록에 의해 거짓말임이 드러났다. 간디는 민족 앞에서도 그의 가장 가까운 측근들에게도 총독 어윈과 바가트 싱에 대해 나눈 대화를 숨김없이 말하지 않았다.[37]

다른 국민회의 지도자들의 혁명가에 대한 입장 역시 돌아볼 가치가 있을 것이다. 네루는 다양한 사건들에서 혁명가들에 대한 공감을 기록으로 남겼다. 그는 사운더스가 살해된 직후 인도청년협회에 "인도는 당신들에게 공감을 가지고 있고 최대한 당신들을 도울 준비가 되어 있다"라는 메시지를 보냈다.[38] 모틸랄 네루는 찬드라쉐카르 아자드에게 자금을 지원했다. 우타르 프라데시 주의 뛰어난 국민회의 지도자인 푸르쇼탐다스 탄돔Purshottamdas Tandon과 쉬브 프라사드 굽타Shiv Prasad Gupta는 비밀리에 혁명 활동을 위한 자금을 지원했다. 국민회의위원회의 우타르 프라데시 주 의장인 가네쉬 샹커 비댜르띠Ganesh Shanker Vidyarthi는 바가트 싱이 처음 칸푸르로 이동했을 때 집을 제공해주었던 이로 실질적인 혁명가의 대부였다. 마울라나 샤우카트 알리Maulana Shaukat Ali와 크리슈나 칸트 말비야Krishna Kant Malviya는 산얄에게 권총을 공급해주었다. 그럼에도 불구하고 국민회의 지도자들 중 누구도 간디-어윈협정의 사인이 있기 전의 논의 기간 동안 감히 바가트 싱과 동지들의 임박한 사형 집행에 관해 간디의 입장을 대놓고 비판하지 못했다. 네루는 사형 집행 이후에야 "해야 할 일이 있었지만 나는 전적으로 그것에 동의하지 않았다"라고 유감을 표하고 "오늘 인도는 조국의 가장 사랑스러운 자식들을 교수대로부터 구해내지 못했다"라고 한탄하였다.[39] 수바스 보세는 사형 집행 이후 보다 솔직하게 간디를 비판했다. "우리 청년들 중 다수는 마하트마가 바가트 싱과 동지들의 대의를 배반했다고 느낀다."[40]

간디의 배신에 대한 일반적인 국민회의 지지자들의 입장은 국민회의 지도자들의 분노나 스스로 정한 한계와는 전적으로 달랐다. 바가트 싱과 동지들의 순교가 있고 나서 일주일 뒤 국민회의의 카라치 회기가 열렸다. 간디가 회기에 참석하기 위해 라호르에서 카라치까지 가는 기차역마다 검은 조기가 게양되어 있었다. 이 회기에서 혁명가들은 폭력적인 방법과는 관계를 끊고 그들의 희생에 경의와 애도를 표했다. 그러나 순교에 대한 결의의 첫 부분은 대표자들 다수의 반대에 직면해야 했다. 전체 회기가 진행되는 도중 간디-어윈협정의 체결로 분위기는 몹시 무거웠다. 유르수프 메하랄리Yusuf Meharali는 간디-어윈협정을 날카롭게 공격했는데, 이는 배신이며 국민회의 지도자들이 '타인의 고통과 희생에서 나온 열매를 얻느라 바쁜' 자본가 계급의 이해에 의해 움직인다고 고발하였다.[41]

바가트 싱

보충자료 1

사형 집행을
앞당길 것을 요구한 간디[42]

여기서 역사의 다른 장을 언급해야 할 것 같다. 이는 국민
회의를 구성하는 지도자들의 증오 어린 태도 때문에 오염된
바가트 싱 같은 혁명가들에 관한 장이다. 그렇게 하지 않으면
역사는 우리를 용서하지 않을 것이다. 역사적으로 영국 제국
주의가 위험에 처해 있음을 발견한 것은 간디가 아니라 무장
투쟁을 통해 정부의 밤잠을 깨운 혁명가들이었다.

정부는 간디와 그의 동료들을 체포하거나 감옥으로 보냈다.
그러나 혁명가들에게는 훨씬 무자비했다. 그러나 중요한 것은
제국주의 지배자들만이 아니라 국민회의 고위 지도자들과 간
디 스스로도 이러한 혁명가들을 소외시켰다는 사실이다. 그
들은 크슈디람Kshudiram이나 바가트 싱 같은 혁명가들을 테러
리스트, 야만적인 불한당, 피에 굶주린 이 등으로 낙인찍었다.
간디는 그들을 끝도 없는 실책만을 저질러 나라에 해를 입히
는 매국노라고 언급하였다.

이것이 간디의 개인적인 이유, 즉 이기적인 문제의 충돌 때

문이라고 생각해서는 안 된다. 그 실체는 퇴폐적인 세계 자본주의와 인도 부르주아의 마음속에 있는 혁명에 대한 공포 콤플렉스의 징후였다. 간디는 정직한 지도자의 인격을 가졌음에 불구하고 인도 부르주아의 무의식적인 도구로 활동했다. 간디주의의 계급적 성격을 설명한 마르크스주의 사상가 쉬브다스 고쉬Shibdas Ghosh(웨스트벵골을 주무대로 활동하고 있는 인도사회주의연합Socialist Unity Centre of India(Communist), SUCI의 창시자−옮긴이)는 이렇게 적었다. "간디주의는 부르주아 계급의식의 승화된 변형으로 부르주아의 도덕적 가치와 혁명에 대한 공포 사이의 융합을 기원으로 한다." 국민회의 지도자들은 계급적 본능으로 바가트 싱과 같은 혁명가들의 투쟁이 외세의 착취를 폐지하는 것에서 끝나지 않을 것임을 알고 있었다. 그들의 혁명은 모든 종류의 착취시스템을 위태롭게 할 수 있었다. 푸르쇼탐다스 다쿠르다스Purushottamdas Thakurdas(식민지 시절 시민불복종운동에 참여하기도 했던 인도의 토착 자본가−옮긴이)나 테지 바하두르 사프루Tej Bahadur Sapru(국민회의와도 대립했던 대표적인 친영 정치인−옮긴이)가 어윈 총독의 자리를 대신하는 것은 문제가 되지 않았다. 간디는 인도 부르주아 계급의 특별한 인물로서 혁명가들과 자신을 동일시하는 것을 원치 않았다.

바가트 싱의 사형선고는 전국에 항의의 폭풍을 일으켰다. 그의 인기는 짧은 기간 동안 최고조에 달했다. 저명한 간디주의자인 파타비 시타라마야는 "바가트 싱의 이름이 인도 전역

바가트 싱

에 간디만큼 유명해진 것은 과장이 아니다"라고 적었다. 네타지 수바스 찬드라 보세에 따르면 바가트 싱은 청년들 사이에서 '새로운 자각의 상징'이 되었다. 그의 사형선고에 반대하여 전국에서 시위가 터져 나왔다. 압두르 라힘Abdur Rahim과 카와스지 자한기르Kawasji Jahangir, 입법 참의원의 위원들은 사형에 항의하여 스스로 사임했고, 봄베이, 마드라스, 캘커타, 델리, 카라치, 라호르 등 각 지역의 민중들은 전례 없는 파업에 들어갔다. 경찰의 발포로 141명이 죽었고 586명이 중상을 입었다. 이뿐만 아니라 아르헨티나에서도 바가트 싱의 죽음에 대항한 파업이 일어났다.

이러한 소요 속에 국민회의의 카라치 회기가 다가오고 있었다. 1931년 3월 5일 간디-어윈협정이 체결되었고, 국민회의 지지자들은 감옥에서 풀려났다. 그러나 전국을 놀라게 한 것은 석방된 사람들 중 바가트 싱과 라호르 공모사건의 수감자들이 배제된 것이었다. 이는 인도 전역을 엄청난 충격에 빠뜨렸다. 파타비 시타라마야에 따르면 어윈 총독은 카라치 회기까지 형 집행을 연기하기를 원했다. 그러나 간디는 단호하게 "회기를 평화적으로 조직하기 위해서는 그들이 교수형에 처해져야 합니다. 회기가 열리기 전에 교수당하는 것이 낫습니다"라고 총독에게 언급하였다. 수바스 찬드라 보세는 간디에게 (필요하다면) 어윈과의 회의를 망치더라도 바가트 싱과 그의 동지들의 사형 선고를 막아줄 것을 직접 요청했다고 한다. 그러나 간디는 그렇게 하지 않았다.

영국 지배자들은 카라치 회기 이전으로 사형 집행일을 정하고 원칙을 무시한 채 어두운 저녁에 3명의 혁명가를 목매달았다. 사형 결의는 전국에서 영웅들을 찬양하게 만들었다. 바가트 싱과 동지들의 순교는 국민회의 내에서도 찬양의 대상이 되었으나 간디와 그 동료들의 거센 반대에 부딪혔다. 파타비 시타라마야는 "……(간디)는 바가트 싱의 상승하는 대중적 인지도와 영향력에 크게 당황하였다"라고 적었다. 간디는 펀자브의 저명한 지도자들이 바가트 싱의 이름으로 추모위원회를 설립하고 개최하자는 제안도 승낙하지 않았다. 그는 오히려 "바가트 싱 숭배는 나라에 헤아릴 수 없는 해를 끼쳤고, 지금도 해를 끼치고 있다. 이 미친 숭배가 행해지는 곳 어디에서나 깡패짓거리goondaism와 타락이 일어난다"라고 말하였다. 그러나 반대로 인도의 자유를 위해 타협하지 않고 투쟁했던 네타지 찬드라 보세는 "바가트 싱은 혁명혼의 상징으로 이 나라 전역을 사로잡았다. 그의 영혼에 한번 불을 붙이면 절대 사그라지지 않을 것이다"라고 말했다. 이는 인도 민족주의에서 간디가 이끄는 타협적 경향과 바가트 싱과 보세 같이 타협하지 않는 혁명가들과의 충돌 사이에서 첨예한 모순으로 드러났다.[43]

보충자료 2
'진실'로 간디를 이긴 영국 총독[44]

1931년 3월 5일 체결된 간디-어윈협정의 결과 폭력범과 정치범을 제외한 모든 이들이 석방되었다. 간디는 형의 집행이 카라치 회기에 부정적인 효과를 가져온다는 것을 깨달았다. 3월 말이 되자 그는 총독에게 회기가 끝날 때까지 형의 집행을 연기해달라고 제안하기 시작했다. 어윈은 이 생각에 반대하면서 형의 집행을 연기하는 것은 그의 권한 밖의 일이며, 허황된 희망으로 정직하지 못하다고 불리는 것은 바라지 않는다고 말했다. 어윈은 간디의 가장 강력한 무기인 '진실'로서 간디를 패배시켰다. 바가트 싱과 수크데브, 라지구르는 1931년 3월 23일 저녁 7시 33분 라호르 중앙감옥에서 처형되었다.

형이 집행된 후 인도 민중은 영국과 간디주의의 이중성에 대한 분노로 끓어올랐고 혁명가들의 대의명분에 대중적인 공감대가 형성되었다. 바가트 싱과 그의 동지들은 최후의 승리에 대해 굳건한 믿음—제국주의와 자본주의의 파멸—을 가지고 있었고, 체제에 맞서 치열한 전투를 치룬 것에 자부심을 느꼈다.

마하트마는 카라치 회기에서 인도청년협회 성원들의 반대 시위에 의해 혹독한 시간을 보내야 했다. 국민회의의 '준공식 초청객'인 마흐무드Mahmud 박사로 변장하고 회기에 참석한 로이도 델리협정(간디-어윈협정)은 '인도에 대한 부르주아의 배신'이며 라호르 독립결의에도 모순된다고 하였다. 노동계 지도자인 잠나다스 메타Jamnadas Mehta는 "만약 간디가 아닌 다른 이가 협정의 책임자였다면 그는 아마도 바다에 던져졌을 것"이라고 말했다. 그러나 간디는 즉각 이 모든 반대 의견을 압도하고 선거캠페인을 위한 구호를 만들었다. 상인들에게는 거대한 부가 주어질 것이라는 전망을 보여주었고, 네루의 요청에 따라 '수억 명을 위한 유토피아'라는 광고도 했다. 마하트마는 섬세하게 계급 구성원들을 달랬지만 스스로도 그 약속이 대부분 충돌된다는 것을 알고 있었다.

델리의 젊은 국민회의 지지자들 역시 단결하여 간디가 혁명가들에게 유죄선고를 내린 것에 반대하면서, 마하트마는 '정부와 영국인들을 기쁘게 하는 것'에만 열심이라고 비판했다. 그들은 더 나아가 마하트마가 혁명가들의 열정을 이해할 수 없기에 전국 청년들의 열망을 분쇄하려 한다고 책망하였다. 청년들은 마하트마를 혁명가들의 살인자라고 불렀고, 많은 이들이 그들의 생명을 구해내지 못한 것을 원망했다.[45]

혁명 만세

바가트 싱은 수크데브와 라지구르와 함께 1931년 3월 23일 처형되었다. 처형되기 한 달 전 찬드라 쉐카르 아자드는 러크나우의 알프레드Alfred 공원에서 그를 둘러싼 경찰과 용감하게 대치하다 순교했다. 바그와티 차란 보라는 1930년 5월 28일 폭탄을 제조하다 사고로 목숨을 잃었다. 10개월 정도의 짧은 기간 동안 혁명가들은 훌륭한 지도자를 셋이나 잃은 것이다. 이는 커다란 타격이었다. 아조이 고쉬는 의기소침해진 당시를 회고했다. "모든 것이 끝난 것처럼 보였다. 우리의 꿈도 희망도……. 그 무엇보다 우울했던 것은 경찰의 고문에 못이겨 자그마치 7명—그들 중 2명은 중앙위원회의 위원이었다—이 밀고자가 된 것이었다."⁴⁶ 밀고자들 중 한 명은 중앙위원회 위원이였던 파닌드라나스 고쉬Phanindranath Ghosh로 그의 증언은 바가트 싱과 동지들에게 가장 치명적이었던 것으로 드러났다. 배신은 복수를 부르기 마련이다. 그는 바이쿤다 슈클라Vaikuntha Shukla와 찬드람 싱Chandrama Singh에 의해 살해당했다. 슈클라는 사형당했고 싱은 오랜 기간 수감되었다.

사회주의공화국협회와 달리 인도청년협회는 펀자브 지방에서 꽤 오랫동안 지속되었는데 이는 노동자농민당과의 연계 때문이었다. 두 조직 간의 연대는 미루트 공모사건으로 징역을 살고 나와 인도청년협회의 암리차르 지부 의장이 된 소한 싱 조쉬가 노동자농민당의 지도자로 선출된 뒤 더욱 강해졌다. 노동자농민당과 인도청년협회는 자본주의,

사망 직후의 아자드
영국 당국은 민중에게 공포심을 유발하기 위해 이 사진을 대량 배포하였으나 오히려 인도 독립운동은 더 거세졌다.

봉건지주, 영국 제국주의에 대한 농민과 청년들의 효과적인 선동으로 민족해방 투쟁의 혁명적 조류를 이끌었다. 선동은 국민회의가 이를 금지하기 전까지 계속되었다. 국가의 탄압도 따랐다.

이에 직면하여 1934년 1월 공산당, 노동자농민당, 인도청년협회와 다른 진보적인 세력들은 반제국주의동맹Anti-Imperialism League이라는 새로운 조직을 창설했다. 그들은 팀을 두 개로 구성하여 농촌에 반제국주의와 공산주의 이념을 알렸다. 이 팀에 속해 있던 이들 중 소한 싱 고쉬, 페로주딘 만수어Ferozuddin Mansur, 하리쉬안 싱 수르지트Harkishan Singh Surjeet[*]는 이후 공산당의 지도자가 되었다. 펀자브 정부는 1934년 9월 반제국주의동맹, 노동자농민당, 인도청년협회의 활동을 금지시켰다.

---

[*] 1964년부터 2008년까지 인도공산당(마르크스주의)의 정치국 위원이었고 1992년부터 2005년까지 총서기로 활동했다. 그는 바가트 싱과 마찬가지로 무신론자였고 코뮤날리즘과 평생을 싸웠지만 자신이 펀자브인이라는 정체성을 보여주기 위해 언제나 흰색 터번을 착용했다. 그는 평생 검소하고 단순한 생활을 한 것으로 알려져 있다.

바가트 싱

1934년 7월 이미 공산당과 그 위원회, 하부 조직들은 형법에 의해 불법 조직으로 선포되었다.

4장

비판적 평가
사상의 깊이와 실천의 한계

Bhagat Singh

나는 바가트 싱과 동지들이 인도 사회에 미친 영향을 분석하고 민족
해방 투쟁의 영광스러운 역할에 대한 특징들을 소개하고자 노력했다.
이 과정에서 각 발전 단계의 특징적인 사상과 실천의 찬반양론에 대해
서는 어느 정도 세부적으로 다루었다. 남은 일은 종합적·역사적으로
비판적인 평가를 하는 것이다. 이는 의심의 여지없이 혁명가들 중에서
이념적으로 가장 앞서 있던 걸출한 영웅 바가트 싱의 평가에 집중되어
야 할 것이다.

부르주아들의 잘못된 해석

　부르주아 역사가들과 정치가들은 바가트 싱과 동지들의 역할을 마지

못해 인정해 왔다. 그들이 경시하거나 완전히 감췄던 것은 사회주의에 대한 당파성과 바가트 싱이 마르크스주의자가 된 것이다. 그 결과 혁명가들은 낭만적인 청년들이거나, 폭력에 사로잡혀 있거나, 순수하고 단순한 애국자로서 어머니 조국에 대한 사랑으로 움직이고 있다고 묘사되었다. 이것이 주류인 국민회의나 상업영화, 유행가, 만화, 달력 등에 의해 단순화된 바가트 싱의 초상화이다.

일반적으로 우익은 바가트 싱과 같은 좌파 성향의 혁명가들을 꺼려할 것이라고 생각하기 쉽다. 그러나 민족자원봉사단 같이 단 한 명의 자유투사도 가지고 있지 못한 조직에서는 대중적 인기를 위해 바가트 싱의 모습을 도용하기 시작했다. 그들은 바가트 싱을 신을 두려워하는 아리아 사마지주의자로, 랄라 라지파트 라이의 추종자로, 힌두 영광의 방어자로, 심지어 민족자원봉사단의 창시자인 헤지워Hedgewar의 추종자로 색칠한다. 말할 것도 없이 이러한 묘사는 전혀 진실이 아니다. 헤지워의 추종자라는 것은 말할 것도 없고 랄라 라지파트 라이에 대해서도 개인적으로 존경했을 뿐 그가 힌두 마하사바와 관계를 가진다는 것에 대해 아주 비판적이었다. 가장 끔찍한 것은 바가트 싱이 순교 직전 종교(힌두주의)를 안고 무신론을 부정했다는 민족자원봉사단의 주장이다. 위대한 순교자에게 이보다 심한 폭력은 생각해내기 힘들 것이다.

진실로 바가트 싱은 전 세계 반식민지 투쟁의 역사에서 가장 돋보이는 인물들 중 한 명이다. 바가트 싱과 동지들의 인생, 과업, 사상은 네 가지 중요한 요소로 서술할 수 있다. 그것은 반제국주의, 코뮤날리즘과 카스트 억압에 대한 반대, 부르주아-지주계급에 대한 반대, 사회의

바가트 싱

유일한 대안인 마르크스주의와 사회주의에 대한 신념이다. 안타깝게도 이 모든 것들이 두려움을 모르는 23세의 젊음으로 끝났다. 이는 범상치 않았고 가슴을 사무치게 만들었다.

비판적 찬양에 대한 위험

뛰어난 역사적 인물을 신성시하면서도 객관적으로 이해하는 것은 쉬운 일이 아니다. 바가트 싱과 같이 영감을 주는 영웅적인 혁명가의 경우에는 더할 것이다. 그가 순교한지 75년이 지나서(이 책은 2007년에 출판되었다-옮긴이) 이런 평가를 하는 데는 유리한 점과 불리한 점이 있다. 유리한 점은 역사적 경험과 정보를 많이 활용할 수 있다는 것이다. 반면 불리한 점은 바가트 싱이 살았던 시대와는 상황이 매우 달라져 있다는 것이다. 이는 우리에게 당시의 객관적·주관적 측면들을 완전히 느낄 수 없게 한다. 따라서 이후 상황에 기반을 두고 평가하기 이전에 바가트 싱과 동지들에 의한 동시대의 평가를 먼저 살피는 것이 유익할 것이다. 인도공산당은 1930년 11월, 즉 그들이 사형선고를 받은 지 한 달 뒤에 이를 언급했다.

권리 부족으로 인한 빈곤은 그들(소부르주아)의 계급적 이해와 제국주의를 양립할 수 없게 했다. 라호르 동지들이 이런 경향을 이끌었다. 이것은 제국주의에 대한 공허한 증오가 아닌 전복을 위한 결정이었다.

그들은 부르주아의 비겁한 위선인 '(제국주의자들의) 마음을 돌리는 것'을 믿지 않았다. 또한 결코 타협이 가능했을 것이라고도 생각하지 않았다. 타협은 필수적으로 서로 이익이 있을 때 하는 것이다.

제국주의는 여전히 절대적이며 혁명가들을 교수대로 보내고 있다. 그러나 제국주의는 혁명가들을 죽일 수는 있어도 혁명은 죽일 수는 없다. 감옥에서 독립의 별이 더 밝게 빛나고 그들의 시신을 통해 혁명의 불꽃은 불길로 번지고 있다.[1]

그의 동지들은 사회주의로 방향을 돌렸다. 프롤레타리아와 사회주의에 대한 그들의 슬로건은 사회주의에 대한 일반적인 공감대의 표현으로 간주되었지만 마르크스주의를 받아들인 것이라고는 여겨지지 않는다.[2] 만약 그렇게 알려졌다면 바가트 싱과 동지들에 대한 평가는 당시보다 더 긍정적이었을 것이다. 그들의 이상과 행동에 반대하고, 그들에 대해 공감하는 모든 표현을 비난했던 부르주아 지도자들과 달리 공산당은 정치적 상황의 견해가 다르거나 개인 행동에 근거를 둔 것일지라도 혁명가와 반제국주의자 그리고 이런 혁명가들의 희생 뒤에 있는 애국주의적인 의욕을 정당하게 평가해왔다.[3] 바가트 싱의 사상과 실천의 단점에 대한 분석은 이와 같은 정신에서 이루어져야 한다.

바가트 싱

단점들

순교가 가까워졌을 때 바가트 싱이 마르크스주의와 사회주의가 인류의 유일한 대안이라는 신념을 가지게 된 것은 부정할 수 없다. 그럼에도 그의 이론과 확고부동한 신념과 이념의 실천에는 약간의 부족함이 있었다. 순교하기 두 달 전에 작성한 '정치적 노동자 청년들에게 보내는 서신'에서 그는 "진정한 혁명군은 농촌과 도시, 노동자와 농민에게 있다"는 것을 인식했지만, "정당은 오직 청년운동으로부터 일꾼들을 모집할 수 있다. 우리 강령의 시작점이 청년운동이라는 것을 발견했기 때문이다"[4]라는 명제를 여전히 붙잡고 있었다. 이는 앞서 언급했던 사회주의공화국협회의 '선언문'과 '폭탄의 철학'에서 반영된 약점의 연장선상에 있었다. 바가트 싱과 동지들은 주로 청년들 사이에서 활동했고, 노동자와 농민에 대한 순수한 공감과 관심은 이 계급 내에서 실제 경험으로 뒷받침되지 못했다. 이런 소부르주아적인 기원은 정당의 일꾼이 청년들로만 구성되어야 한다는 시각에서 비롯된 것이다.

또 다른 문제는 바가트 싱이 '개인적 행동에서 대중혁명으로, 개인적 혁명에서 계급혁명으로' 전환하기는 했으나 마음속에 언제나 약간의 갈등이 남아 있었다는 것이다. 이는 진일보한 혁명 이념의 즉각적인 요구와 군사 행동에 대한 열정적인 개인의 욕망, 그리고 자기희생 사이의 충돌이었다.[5] 이 또한 앞서 언급한 것처럼 정당과 비교하여 무장그룹이나 행동대 사이의 관계에 여전히 남아 있었다.

바가트 싱과 동지들의 사상에서 가장 취약한 점은 봉건·반봉건 지주—당시 농촌의 소작농과 농업 노동자의 적이자 압제자이며 영국 식민지배의 내부적 보호자—에 대한 분석의 부족이었다. '정치적 노동자 청년들에게 보내는 서신'에서 그는 지주들을 적으로 보고 그들을 타도하려는 농민의 역할에 대해 인식하기 시작했다. 그러나 전국적 수준에서 지주를 민족해방과 혁명의 주적으로 규정한다고 해도 농민혁명의 중심에서 농민 해방으로 나아가는 것에 대해서는 통일된 이해를 형성하지 못하였다.

농민 상황에 대한 불완전한 분석은 바가트 싱의 카스트 억압과 불가촉천민에 대한 쟁점의 이해에도 영향을 미쳤다. 카스트제도 하에서 억압받는 희생자들에 대한 강력한 호소는 카스트 해방(social liberation, 인도에서는 이 단어가 '카스트 해방'이라는 의미로도 사용된다—옮긴이)을 위한 투쟁과 지주에 대한 전투 사이의 필수적인 연결점을 고려하지 못하고 있다. 카스트 희생자들과 노동자, 농민의 해방을 위한 보다 큰 투쟁도 개발되지 못했다. 이와 유사하게 당시 공산당과 마찬가지로 여성의 성 억압과 사회적 속박으로부터의 해방에도 인식의 부족을 보였다.

그러나 이와 같은 약점에도 불구하고 바가트 싱이 민족해방 투쟁에 끼친 공로와 제국주의, 계급 착취 등에 대항한 전투에서 보여준 강력한 상징성과 불멸성은 조금도 줄어들지 않는다. 그가 순교한 것은 정확히 23세 때였다. 그 짧은 인생에서 마르크스주의 문헌에 접근하는 것은 한계가 있었고, 기본 계급인 노동자와 농민들 사이에서 활동할 기회도 부족했다. 게다가 생의 마지막 2년은 감옥에서 보내야 했다. 이 모든 것을 감안하면 그가 마르크스주의를 완전히 이해하고 인도의 실정에 맞게 적용하기를 기대하는 것은 비현실적이다. 오히려 그 짧은 시간에 가족들 사이에 널리 퍼져 있던 아리아 사마지주의와 국민회의의 영향으로부터 벗어나 혁명적 테러리즘과 아나키즘을 거쳐 사회주의와 마르크스주의 당파성에 도달한 것은 뛰어난 성취이다. 그러나 마르크스주의자로의 전환에서 이론적·실천적 기반이 성숙해지는 과정이 끝났다고는 말할 수 없을 것이다. 바가트 싱의 동지들은 대부분 정신적으로 마르크스주자로의 전환을 끝내고 공산당에 가입했다. 만약 그가 살아 있었다면, 분명 동료들과 똑같이 했을 것이다. 그러나 안타깝게도 그런 일은 일어나지 못했다.

비역사적 과장

인도 좌파들 중에서 낙살라이트Naxalite라고 불리는 이들은 바가트 싱을 성숙하고 뛰어난 마르크스-레닌주의자로 투영하려는 시도를 해오고 있다. 한 예가 인도공산당(마르크스-레닌주의)리버레이션Communist Party of Marx-Leninism Liberation, CPIML*의 총서기인 디판카르 바타차리아Dipankar Bhattacharya의 최근 논설이다.

---

* 마오주의를 기치로 내걸고 인도공산당(마르크스주의)에서 분리되어 나간 공산당은 수없이 분열되었다. 인도공산당(마르크스-레닌주의)리버레이션은 이 중 합법적·비합법적 활동을 병행해야 한다고 주장하는 합법 정당 중 하나이다.

역사는 바가트 싱에게 인도에서 공산주의 정당을 세울 기회를 주지 않았다. 그럼에도 불구하고 그가 생애 마지막 날들에 준비한 청사진은 있다. …… 인도 공산주의운동사에서 최초의 혁명적 공산주의 강령의 실행 가능한 윤곽으로 받아들여져야 한다.[6]

발전 과정에 비추어 보면 이는 비역사적 과장이고 바가트 싱에 대한 기억과 모택동의 '실사구시' 모두를 훼손하는 것이다. 또 당시 인도의 공산주의 정당과 그 역할을 사실상 부정하는 것이기도 하다.

바가트 싱의 시대에 공산주의 정당은 갓 태동한 조직이었고 인도 사회에 대한 정확한 이해와 마르크스주의를 구체적으로 적용해 조직된 세력으로써 외형을 갖추려 했다. 그러나 극좌 세력들이 투영하는 것처럼 아무런 결과가 없다는 것을 의미하지는 않는다. 초기 공산주의자들이 페샤와르, 칸푸르, 미루트 공모사건에서 맞닥뜨렸던 시련과 재판들은 앞서 이미 짧게 언급하였다. 그들은 이미 노동자계급과 투쟁을 조직하려고 시도하였고 민족해방 투쟁의 참여와 그 주류 내에서 본질적인 의제에 압력을 가하기 위해 노력했다. 1930년 공산당 인터내셔널의 조직으로 발행한 인도공산당의 '행동 지침'은 이후 1934년 인도공산당 전원참석회의의party plenum(당이 대중 정당으로 충분히 성장한 시기가 아니므로 총회 congress가 아님−옮긴이)에서 당의 강령으로 정교화되었다. 이는 당대 사상의 강점과 약점에 대한 훌륭한 이해를 제공하고 있어 일정 부분 세부적으로 언급할 만한 가치가 있다.

행동 지침

'행동 지침'은 반제국주의 투쟁의 성공을 농민혁명과 구시대의 낡은 사회-종교체제가 부여하는 모든 불평등을 일소하는 것과 연결시켰다. 그들은 이에 대해서 다음과 같이 선언했다.

인도 민중의 노예제를 파괴하고 노동자와 농민을 해방시키기 위해서는 …… 반드시 독립을 이루어야 한다. …… 그리고 지주제를 분쇄시킬 농업혁명의 깃발을 들어야 한다. …… 영국 제국주의와 지주제에 대항하는 농업혁명은 인도혁명의 이행을 위한 기반이다.[7]

그들은 '지침'에서 영국의 공장, 은행, 철도, 수송 수단과 플랜테이션 농장의 국유화를 요청하고, 이를 위해 토후국의 폐지와 지주, 군주, 영국 관료들의 토지와 자산에 대한 무상몰수, 고리대금업자와 은행에 진 빚의 말소를 요구했다. 또한 8시간 노동제와 노동 조건을 근본적으로 개선하고자 했다.

뿐만 아니라 영국 봉건세력들의 코뮤날 분할 지배정책을 폭로하고, 힌두와 무슬림 노동자들에게 '영국 정부와 반동적인 토후 착취자들의 교활한 도발'에 속지 말 것을 당부했다. 그들은 다른 민족과 종교적 믿음을 가진 노역자들을 서로 대항하게 하고 갈등을 부추김으로써 분할적인 지배 정책을 취하고 있었다.

이 '지침'은 불가촉천민과 카스트제도를 고발하고 인도 봉건제의 파괴로 이어졌다. 이에 대해 언급한 것은 다음과 같다.

　　여전히 몇 백만의 노예가 있고 몇 천만의 버려진 하층민pariah이
모든 권리를 박탈당하고 있다. 영국 제국주의, 지주제도, 반동적인
카스트제도, 종교의 속임수와 과거로부터의 내려온 모든 노예와 농
노 전통이 인도 민중의 목을 조르고 해방으로 가는 길을 가로막고
있다. 그들이 이런 결과를 만들었다. …… 하층민들은 여전히 동료
를 만날 권리도, 공동 우물에서 물을 마실 권리도, 일반 학교에서
공부할 수 있는 권리도 없다.

　　카스트제도의 가차 없는 폐지만이, 농업혁명만이, 영국 지배의
폭력적인 전복만이 노동 하층민과 노예들의 사회적·경제적·문화
적·합법적 해방을 이끌 수 있을 것이다. 공산당은 하층민들에게
영국 제국주의와 지주제에 대항하는 전국 노동자의 혁명적 통일전
선에 합류할 것을 요청한다.

　　더 나아가 공산당은 노동 하층민과 노역자들의 완전하고 절대적
인 평등을 위해 노예제, 카스트제도를 포함한 모든 형태(사회, 문화
등)의 불평등의 완전한 폐지를 위해 싸운다.

'지침'은 인도 민중의 투쟁과 전 세계 혁명 세력들을 연결했다.

　　민중 투쟁에서 인도 민중은 홀로 있지 않다. 전 세계 모든 나라
의 혁명적 대중들 속에 동맹을 가지고 있다. …… 국제적인 제국주

　　　　　　　　　　　　　　　　　　　바가트 싱

의와 자본주의 착취의 타도를 위한 투쟁을 하고 있다. …… 소비에
트 러시아에서 …… 노동자 계급은 착취자들의 권력을 타도했다.
…… 소비에트 러시아는 인도를 포함한 전체 식민지 민중의 신뢰할
만한 동맹이다. 인도의 근로 인민들은 모든 나라의 혁명적 노동자
들로부터 지원을 받을 것이다…….

그러나 '행동 지침'에도 잘못되거나 종파적인 이념들이 있다. 여기에
는 민족해방 투쟁에서 부르주아들이 역할을 거부한 것과 민주주의 혁
명의 농업적 과제가 해결되지 않은 상황에서 즉각적인 사회주의 혁명
을 주창한 것이 포함된다. 당시 인도에는 전체 인구의 80퍼센트가 농
촌에 살고 있었고 지주제가 계속되고 있었다. 마찬가지로 공산당은 아
직 제 기능을 다하지 못했고 효율적인 인도의 중심으로 발전하지 못했
다. 그러나 이념적·조직적 단점에도 불구하고 공산당은 민족해방의 가
장 진일보한 이해와 강령을 가지고 있었다. 이는 인도 사회의 계급적
현실에 대한 마르크스-레닌주의의 분석에 기반을 둔 것이었다.

안다만 감옥에서 장기 복역했던 쉬브 베르마, 카쇼리 랄, 아조이 고
쉬 같은 바가트 싱의 많은 동지들이 공산당에 가입했다. 벵골 혁명가
들 중 일부도 그러했다. 안다만 형무소 감금을 선고 받았던 가네쉬 고
쉬Ganesh Ghosh, 수보드 로이Subodh Roy(사건 당시 14세였지만 안다만 형무소에
감금되었다가 1940년 석방되었다-옮긴이), 아난타 싱Ananta Singh(치타공 병기고
습격사건), 사티쉬 프라카쉬Satish Pakrashi, 니란잔 센굽타Niranjan Sengupta(메
추아바자르Mechuabazar 폭탄사건, 이 사건의 검거로 테러리스트 조직은 거의 붕괴

하였다-옮긴이), 하레크리슈나 코나르Harekrishna Konar[베구트Begoot 강도사건, 웨스트벵골의 인도공산당(마르크스주의) 의원으로 활동하였다. 콜카타에 그의 이름을 딴 지명이 있다-옮긴이] 등이 포함되는데 이중 일부만 거론하였다. 바가트 싱의 마지막 날들 동안 이러한 혁명가들이 마르크스주의로 전진하는 과정이 뚜렷이 보였다.

결론

바가트 싱과 그의 주장은 이전보다 오늘날 더 관련성이 커지고 있다. 그는 제국주의와 계급 착취, 카스트 교리 같은 억압에 대항해 싸우다 죽었고 사회주의만이 인류의 미래를 대표할 수 있다고 확신했다. 오늘날 이 모든 문제들은 심각한 난관이 되어 우리를 대면하고 있다.

제국주의는 소련의 붕괴와 동유럽 사회주의의 붕괴로 더 강력해졌다. 이는 보다 공격적인 신식민지의 건설을 대담하게 추진하게 했다. 이라크에 대한 공격과 영미 제국주의자들의 고삐 풀린 야만적인 행동은 오늘날 제국주의 약탈의 가장 첨예한 예이다. 이와 더불어 아프가니스탄에 대한 군사 점령과 이란과 북한, 쿠바를 '악의 축'으로 규정한 것은 단일한 제국주의 세계에서 민족과 인류의 미래 징후가 된다.

제3세계 국가들의 지배계급은 제국주의자들의 압력에 점점 더 굴욕적으로 변하고 있으며, 외교 정책을 제국주의의 지정학적 이해에 맞춰가고 있다. 이런 친제국주의 외교 정책이 뻔뻔스럽게도 오늘날 인도 정부에 의해 추구되고 있다.

제국주의 군사력의 노골적인 사용은 세계화·자유화·사유화privatization를 추구하는 신자유주의 정책의 시행과 함께 가고 있다. 이 뒤에는 유례없이 집중되고 국제화된 금융자본이 있다. 국제화된 금융자본은 무자비하게 다른 국가의 주권을 유린하고 그들의 경제에 아무런 장애 없이 접근한다. 이들의 지배는 선진국과 개발도상국 사이의 불평등을 가파르게 증가시키고 있다.

이러한 발전은 노동자들에 대한 착취의 강화, 고용 없는 성장, 사회 안전장치에 대한 공격과 민중의 민주적 권리에 대한 축소를 동반한다. 소위 '테러에 대한 전쟁'은 아랍, 무슬림과 제국주의 국가들 내의 '이방인'들에게 인종주의를 직접적으로 강화하고 있다.

제3세계 국가들에서 일어나고 있는 제국주의자들의 세계화와 신자유주의 정책은 지배계급의 비호 아래 다양한 수준에서 현실화되고 이는 근로 민중들에게 재앙으로 이어지고 있다.

인도의 신자유주의 정책은 근로자들의 생계와 권리를 공격하고 있다. 이는 사회와 공적 시설에 대한 정부 막대한 지출 삭감과 민영화로 반영된다. 처참하게 낮은 정부의 농업 지출과 농산물 수입 제한 철폐, 그리고 이와 연계된 세계 시장의 다수 농산물과의 가격 연동은 국내 농업의 심각한 위기를 가져왔다. 정부 통계만 따져보아도 1995년에서 2003년 사이에 13만 4000명의 농민들이 자살했다. 토지개혁은 농업 복합기업agro-conglomerate에게 대토지latifundia를 제공하기 위해 반대로 가고 있고, 특별경제구역Special Economic Zones, SEZs에서는 외국과 국내 거대 자본에 의한 노동력의 착취와 부동산 프로젝트, 광물 자원의 대규모 약탈이 이루어지고 있다.

공적 지출에서 정부의 철수는 국내외 거대자본의 이해를 위한 역할을 활발히 수행하고 있다. 이는 명확히 고의적인 형태로 나타나고 있으며 직접세와 관세를 삭감하여 독점자본에게 오히려 보조금을 주고 있다. 공적 부문의 기업들은 사적 투기꾼들에게 실제 가치보다 한참 낮게 평가되어 팔려나가고 있다. IMF-World Bank-WTO체제에 의해 지배되는 정책들은 중소산업들을 몰락시키고 있다. 세계 시장에서 그들의 몫을 나누기 위해 인도의 대자본가들은 제국주의 금융자본의 하위 파트너 역할을 간절히 열망하고 있다. 이는 인도 경제를 모기지로 하여 (mortgaging) 차츰 진행되고 있지만 이들에게는 조금도 신경 쓰이는 일이 아니다.

민중들은 지배계급에 의해 드러나지 않는 계획에서 '역사의 대상물'로 경멸받고 있다. 친시장 정책의 파멸적인 효과는 이미 빈자들의 소비 수준 감소와 더 나아가 여성과 약자들의 방치, 만연한 실업, 비정규직화, 노동계급이 힘들게 얻은 권리에 대한 치명적인 공격, 포식성 자본주의 착취, 기아로 인한 죽음과 농민들의 자살로 나타나고 있다. 소비주의, 극단적 개인주의와 경쟁이 최고의 가치가 되었고 이념의 영역에서는 시장의 영광이 반복되고 있다.

코뮤날리즘과 카스트는 정치체제와 사회를 지속적으로 괴롭히고 있다. 인도인민당이 이끄는 민족민주동맹National Democratic Alliance, NDA 정권의 2004년 하원의원 선거의 패배는 코뮤날리즘의 참화가 끝난 것을 의미하지 않는다. 카스트는 부르주아 정당들의 정치적 목적에 의해 비뚤어지게 이용되고 광범위하게 남아있는 달리트들dalits에 대한 폭력과 차별을 강화하고 있다. 바가트 싱이 적은 것처럼 코뮤날리즘과 카스트제도는 지배계급이 노동자들을 분열시키고 계급적 도전을 막아 그들을 손쉽게 다룰 수 있는 무기를 제공한다.

민족해방 투쟁 기간 동안 민중에게 한 모든 약속과 희망은 독립 인도의 부르주아와 지주들에 의해 완전히 배신당했다. 그러나 인도 민중은 이를 내려놓지 않았다. 그들은 다시 싸우고 있으며, 그 증거는 각기 다른 분야에서의 투쟁과 좌파의 강화, 정치적 개입에서 찾을 수 있다. 그들은 고립되어 있지 않다. 라틴 아메리카의 반제국주의 쇄도와 세계화에 대항하는 거대한 대중 동원, 이라크에서 제국주의자들의 학살에 대한 저항운동, 네팔에서 민주주의를 수호하기 위한 봉기 등이 일어나고 있다. 이러한 투쟁의 갈래들은 더 강화되고 전진해나가야 한다.

바가트 싱 탄생일을 진정으로 기념하려면 인도 민족과 근로자들이 모든 도전에 맞서 다차원적으로 투쟁을 지속해야 한다. 이것은 도전에 대항하기 위해 민중을 최대로 집결시켰던 영감의 원천인 바가트 싱과 동지들의 영광스러운 전설을 이어가고 있는 좌파의 과제이다.

바가트 싱에 대한 개인적인 조사로 힌두어 시에서 뽑아낸 구절을 영어로 거칠게 옮긴 것으로 이 글을 끝맺고 싶다.

불타는 별

조국의 자유를 위하여
우리 젊음과 생이
제국주의의 권세를 잃게 하리라.
우리가 죽음에 승리함으로써

우리의 재는 영원할 것이다.
혁명가가 불려지고
절망의 찌꺼기 가운데서
반역의 꽃들이 피어오른다.

죽음의 문 앞에서 우리는 외친다.
자유의 물결은 돌아갈 수 없다고
제국주의의 화장용 장작더미는
언젠가 완전히 불타 버릴 것이다.

자유가 온 이후라도
지배자가 계속 억압하면
그들은 또 만나게 될 것이다.
전투 태세를 한 우리와

바가트 싱

인간의 자연스러운 본성은

억압에 대항해 싸우는 것

우리의 전투는 멈추지 않을 것이다.

폭군이 백인이든 인도인_black이든

대담무쌍한 혁명으로

교수대까지 노래하며 그는 걸어갔다.

영국 권력은 떨었다.

올가미가 흔들린 것처럼

순교자 바가트 싱 만세

그의 포효가 여기저기서 들려왔다.

자유의 깃발 위로

불타는 별이 빛나고 있었다.

보충자료
바가트 싱에 관한 상업영화

바가트 싱에 관한 대표적인 영화로는 〈랑그 데 바산티Rang De Basanti〉와 〈레전드 오브 바가트 싱Legend of Bhagat Singh〉이 있다. 내가 바가트 싱에 관한 영화에 불만을 가지는 이유는 이 영화들이 리얼리즘에 입각해서 만들어진 것이 아니라 영웅적 낭만주의에 의해 상업적으로 만들어졌기 때문이다.

〈랑그 데 바산티〉는 혁명가 바가트 싱보다는 테러리스트로서의 그에게 더 초점을 맞추고 있다. 이 영화는 영국 경찰 부서장인 사운더스를 살해한 당시의 바가트 싱과 그 동지들의 모습을 그린다.

〈레전드 오브 바가트 싱〉은 테러리스트 활동을 정리하고 대중활동가로 활약하던 시기의 바가트 싱에 근거를 두고 있으나 흥행을 위해 대부분의 내용이 허구로 구성되었다. 그가 국회에 들어갈 때 총을 들고 있지 않았음에도 불구하고 폭탄을 던진 후 허공에 총을 쏘는 장면이 한 예다. 그의 동료였던 자틴 다스는 웨스트벵골에서 폭탄 제조법을 가르치기 위해 라호르로 파견된 인물이었으나 폭탄 제조를 반대한 인물로 묘

바가트 싱

사된다. 또한 법정에서 밀고자가 폭탄 제조법을 말하게 하여 인도 전역에 폭탄 제조를 보도하였다는 내용도 폭탄 테러를 부정하는 바가트 싱의 입장에서는 어이없는 일이다.

양념으로 넣은 아름다운 신부와의 애틋한 로맨스도 사실과는 무관하다. 바가트 싱은 1924년 대학을 포기하고 라호르를 떠났다. 아버지가 결혼을 강요했기 때문이다. 그가 아버지에게 남긴 편지는 다음과 같다. "지금은 결혼을 할 시기가 아닙니다. 조국이 저를 부르고 있습니다. 저는 육체적·정신적으로 조국에게 헌신할 것을 맹세했습니다." 그럼에도 불구하고 부친이 지속적으로 고집을 부리자 그는 "아버지께서는 아버지으로서 저를 생각하시겠지만 3억 3000명의 어머니가 당하는 고통이 얼마나 크겠습니까? 우리는 어머니 조국을 위해 모든 것을 희생해야 합니다"라고 적었다. 집을 떠나면서 마지막으로 남긴 편지에는 다음과 같이 적혀 있었다. "저는 제 생애를 어머니 조국에 헌신하는 고귀한 목표에 바칩니다. 그렇기 때문에 가정이나 세속적 욕망에는 조금도 관심이 끌리지 않습니다." 그는 1925년 아버지가 더 이상 결혼을 강요하지 않겠다고 약속한 후에야 돌아왔다. 이와 같은 역사적 사실이 영화에서의 로맨스보다 더 감동적이지 않은가?

뿐만 아니라 간디가 어윈에게 바가트 싱의 석방에 대해 호소하는 장면은 인도인들이 일반적으로 간디에 대해 가지고 있는 환상에 부합해서 만든 장면에 불과하다. 따라서 이 영화는 바가트 싱에 대한 인도인들의 사랑과 환상을 이용해 상업적 성공을 노린 속셈이 노골적으로 드러난다고 할 수 있다. 그러나 도입부에 간디를 향해 성난 시위대가 "간디 당신은 역사의 심판을 받을 것이요"라고 말하는 장면, 영국인들의 대학살 장면, 단식투쟁, 처형당하기 전에 보여준 바가트 싱과 동지들의 의연한 모습은 허구가 아니었다. 최소한의 기본 사실은 남겨두어야 했기 때문인 것 같다.

델리의 자와할랄네루대학Jawaharlal Nehru University, JNU에서 학생운동 동아리가 신입생을 모집하기 위해 이 영화를 교내에서 상영한다는 포스터를 붙인 것을 보았다. 개인적으로 이 영화에 대해 부정적이기는 하지만 한국에서 '좌파 독립운동가'라는 부담스러운 소재로 단 한 편의 영화도 만들어지지 않은 것을 보면 인도의 상황이 부럽기도 하다. 일제강점기까지 갈 일도 아니다. 왜 우리는 시인 김남주의 삶이 영화로 만들어지지 않는 것일까?

붉은 팸플릿
귀 먹은 자를 듣게 하라

1929년 4월 8일 대부분의 의회 구성원들의 반대에도 불구하고 총독은 두 개의 법안을 제정하는 성명을 발표했다. 이는 애초에 거부하는 것이 나았을 것이다.

인도사회주의공화국군대*의 공지

"귀먹은 자를 듣게 하려면 큰 목소리가 필요하다." 비슷한 시대적 상황에서 프랑스의 용감한 아나키스트 순교자가 외친 이 불굴의 언어로 우리는 강력하게 우리의 행동을 정당화한다.

---

* 바가트 싱이 속해 있던 조직의 공식 명칭은 인도사회주의자공화국협회(Hindustan Socialist Republic Association)이다. 이는 본문에도 표기되어 있으나 이 팸플릿의 제목은 인도사회주의자공화국군대(Hindustan Socialist Republic Army, HSRA)의 공지로 배포되었다.

과거 10년간의 개혁(몬터규-첼름스퍼드개혁Montague-Chelmsford Reforms)[*]의
치욕적인 반복 없이, 그리고 인도 의회를 통해 퍼부어진 모욕에 대한
언급 없이 우리가 지적하고 싶은 것은 다음과 같다. 사이먼위원회로부
터 떨어지는 개혁안의 더 많은 부스러기들을 기대하는 사람들과 분배
문제로 싸우는 동안 정부는 다음 회기를 위해 언론선동법안을 남겨둔
채 공중안전법과 무역분쟁법 같은 새로운 억압 수단을 강요하고 있다.
공개된 공간에서 일하는 노동 지도자의 마구잡이식 연행은 그 바람이
어디까지 부는지 명백히 보여준다.

　이러한 극단적인 도발 상황에서 인도사회주의자공화국협회는 심각
하게 스스로의 책임을 자각하여 군대에 특별 행동 명령을 내리기로 결
정하였다. 이는 굴욕적인 광대극과 외세 관료 착취자들이 원하는 대
로 하는 것을 저지하고, 그들을 적나라하게 대중 앞에 나오게 하기 위
함이다. 민중의 대표들은 그들의 선거구로 돌아가 대중들에게 다가오
는 혁명을 준비하게 하라. 그리고 공중안전법과 쟁의조정법과 어디에
도 기댈 데 없는 이들을 대표하여 랄라 라지파트 라이에 대한 냉혹한
살인에 저항하라. 자주 반복되는 역사의 교훈인 한 사람을 죽이기는
쉬워도 그 이상은 죽일 수 없다는 것을 정부가 알게 하라. 거대한 제국
들은 무너졌지만 이상은 살아남았다. 부르봉 왕조와 차르는 혁명이 승

---

* 인도 담당 국무장관 몬터규와 총독 첼름스퍼드가 1919년 영국 국회에서 승인을 받아 만든 인도
통치법. 처음으로 주 단위에 실체적 의미를 부여하고 있으나 영국의 절대적인 권한에는 변함이
없었기 때문에 민족운동을 부정적으로 바라보며 영국에 협조하던 인도 정치인들까지도 실망하
였다. 같은 해 이어서 만들어진 롤럿법(Rowlatt Bill)은 이러한 불만을 탄압하기 위해서 정부를 무
장시키기 위한 치안법이었다.

　　　　　　　　　　　　　　　　　　　　　　　　　　　바가트 싱

리를 구가하면서 무너졌다.

우리는 인간의 삶에 커다란 존엄성을 두고 완벽한 평화와 자유를 만끽하기 위해서는 유감스럽게도 피를 흘려야 한다는 것을 인정한다. 그러나 '위대한 혁명'이라는 제단에 바쳐진 개개인의 희생은 모두에게 자유를 가져다 줄 것이며, 인간의 인간에 대한 착취를 불가능하게 할 것이다. 이것은 필연이다.

"혁명 만세!"

총사령관

발라지 Balraj [C]

| 미 주 |

옮긴이 서문

1   Ashok Dhawale, 'Shaheed Bhagat Singh', CPIM publication, 2007, p. 6, 재인용.

2   E. M. S. 남부디리파트 저·정호영 역, 《마하트마 간디 불편한 진실》, 한스컨텐츠, 2011, 옮긴이 부록 참고; 정채성, "독립 후 인도 농촌에서 계급 간 갈등의 전개 양상: 비하르(Bihar) 주의 사례를 중심으로", 〈남아시아연구〉 4호, 1999, 197–250쪽.

3   E. M. S. 남부디리파트 저·정호영 역, 《마하트마 간디 불편한 진실》, 한스컨텐츠, 2011, 193쪽.

4   위의 책. 238쪽.

5   R. P. Dutt, *India Toady*, People's Publishing House, 2008, pp. viii–ix.

6   퍼시발스피어 저·이옥순 역, 《인도근대사》, 신구문화사, 1993, 256쪽.

7   이정호, "인도의 독립 과파키스탄의 탄생: 마하트마 간디의 활동을 중심으로", 〈남아시아연구〉 13권 2호, 2007, 85쪽.

8   E. M. S. 남부디리파트 저·정호영 역, 《마하트마 간디 불편한 진실》, 한스컨텐츠, 2011, 193쪽.

9   Joti Basu, socialism Not now, says Basu, Statesman 20080106.

10   Decoding Basu, THE Indian Express. 20080109.

11 정채성, "인도 환경운동의 시민운동적 성격", 제37차 한국문화인류학회 정기학
술대회 〈변화하는 세계 속의 남성성과 남성문화〉, 420-422쪽; 정호영, 《인도는
울퉁불퉁하다》 중 '달리트운동과 좌파는 대안인가', 한스컨텐츠, 2011.

서문

1 Introduction to Shiv Verma (ed.), *Selected Writings of Shaheed Bhagat
Singh* (henceforth *SWSBS*), National Book Centre, Delhi, 1986, p. 36.

2 B. T. Ranadive, Foreword to *SWSBS*, p. viii−ix.

1장

1 Amit Kumar Gupta, 'Death Defying: Nationalist Revoh−rtionism in India,
1897−1938', in Maya Gupta and Amit Kumar Gupta, *Defying Death,
Struggles against Imperialism and Feudalism*, Tulika, New Delhi, 2001, p.
42.

2 Ayodhya Singh, *India's National Movement. A Short Account*, Ravindra
Publications, Calcutta, 1985, p. 23.

3 Harkishan Singh Surjeet, 'Lessons of Punjab', *The Marxist*, vol. 2, Oct.−
Dec., 1984, p. 51.

4 J. S. Grewal, *The Sikhs of Punjab*, Cambridge University Press, 1990, p. 743.

5 M. L. Darling, 'The Punjab Peasant in Prosperity and Debt' quoted by
Ajeet Jawed, *Left Politics in Punjab*, Durga Publications, Delhi, 1988, p. 15.

6 Surjeet, 'Lessons of Punjab', p. 53.

7 Bhagat Singh, 'Why I am an Atheist', SWSBS, p. 141; *Jail Notebook and
Other Writings*, LeftWord, New Delhi, 2007.

8 Harish K. Puri, Bhagat Singh and the Ghadar Movement, Mainstream, Vol.
XLVI, No. 14, Saturday 22 March 2008, (http://www.mainstreamweekly.

net/article612.html). 옮긴이].

9   People's Path (monthly organ of the Desh Bhagat Yadgar Committee, Jalandhar), p. 77, vol. III, no. 11, 1967, quoted by Ajeet Jawed, *Left Politics in Punjab*, p. 58.

10 Sohan Singh Josh, *Hindustan Gadar Party, A Short History*, vol. II, People's Publishing House, New Delhi, 1977, p. 193.

11 Sumit Sarkar, *Modern India*, Macmillan, New Delhi, 1983, p. 148.

12 Surjeet, 'Lessons of Punjab', p. 52.

13 Ashok Dhawale, 'Shaheed Bhagat Singh: An Immortal Revolutionary', *The Marxist*, vol. XXI, 2–3; p. 48.

14 Reproduced in Jagmohan Singh and Chaman Lal (eds.), *Bhagat Singh Aur unke Sathiyorn ke Dastauez*, Rajkamal Prakashan, Delhi, 1987, pp. 88–93.

15 Ajeet Jawed, *Left Politics in Punjab*, p. 63.

16 R. P. Dutt, *India Today*, Manisha Granthalaya, Calcutta, 1986, p. 38.

17 Surjeet, 'Lessons of Punjab', p.55.

18 Ibid., p. 56.

19 Bhagat Singh, 'Blood Sprinkled on the day of Holi–Babbar Akalis on the Crucifix', SIVSBS, p. 58.

20 Jyoti Basu et al., *History of the Communist Movement in India*, Vol.1, CPI(M) Publication sand LeftWord, New Delhi, 2005, p. 20.

21 Ibid., p. 57.

22 Gangadhar Adhikari, *Documents of the Communist Party of India*, Vol. II, p. 281, quoted in ibid., p. 76.

23 From Niraja Rao, 'Bhagat Singh and the Revolutionary Movement', *Revolutionary Democracy*, Vol. III, No. 1, April 1997.

24 SWSBS, p. 55.

25 R. P. Dutt, *India Today*, pp. 351−352.

26 B. T. Ranadive, *India's Freedom Struggle*, New Delhi, 1997, p. 38.

27 Jawaharlal Nehur, *An Autobiography*, quoted by Sarkar, *Modern India*, p. 225.

28 Introduction to SWSBS, p. 21.

29 Ashok Dhawale, 'Shaheed Bhagat Singh', p. 51.

2장

1 선언의 본문은 *SWSBS*에 재수록되어 있다.

2 Satyendra Narayan Mazumdar, 'In search of a Revolutionary ideology and Revolutionary Programme,' *SWSBS*, p. 23.

3 *SWSBS*, pp. 180−182.

4 Shiv Verma, 'Sardar Bhagat Singh', in Sansmritiyan, Lok Prakashan Graha, Delhi, 2002, pp. 23−24.

5 Prem Sagar Gupta, *A Short History of the All India Trade Union Congress 1920−47*, New Delhi 1980, p. 16, n. 77.

6 Introduction to *SWSBS*, p. 26.

7 Ibid., pp. 26−27.

8 Maya Gupta, 'A Review of Revolutionist Operations in India, 1927− 29', from Maya Gupta and Amit Kumar Gupta, *Defying Death, Struggles against Imperialism and Feudalism*, Tulika, New Delhi 2001, pp. 117−118.

9 Beware Ye Bureaucracy, *SWSBS*, pp. 62−63.

10 *SWSBS*, pp. 67−68; reproduced in Bhagat Singh, *Jail Notebook and Other Writings*, compiled, with an Introduction by Chaman Lal, LeftWord, New Delhi, 2007.

11 *History of the Communist Movement in India*, pp. 177–178.

12 Muzaffar Ahmad, Introduction to *Communists Challenge Imperialism from the Dock*, National Book Agency, Calcutta, 1987, p. ii.

13 *History of the Communist Movement In India*, p. 181.

14 *SWSBS*, p. 74; a more accurate version of the statement is reproduced in *Jail Notebook and Other Writings*.

15 *SWSBS*, pp. 184–185.

16 Ashok Dhawale, 'Shaheed Bhagat Singh', p. 62

17 'Philosophy of the Bomb' is reproduced in SWSBS. All subsequent Quotations from here.

18 Ayodhya Singh, *India's National Movement, A Short Account*, Ravindra Publications, Calcutta, 1985, p. 47.

19 Sukomal Sen, *Working Class of India: History of Emergence of the Movement, 1830–1970*, K. P. Bagchi, Calcutta 1977, p. 244.

20 Ayodhya Singh, *India's National Movement*, p. 49.

21 Introduction to *SWSBS*, p. 33.

22 Ibid.

23 Ibid., pp. 33–34.

24 Ibid., pp. 34–35.

25 'To Young Political Workers', February 2, 1931, *SWSBS*, pp. 137–138; reproduced in *The Jail Notebook and Other Writings*.

26 *Workers' Weekly*, November 13, 1930, quoted by B. T. Ranadive, Foreword to *SWSBS*, p. xvii.

27 Statement of Policy, adopted by CPI's Special Party Conference, Calcutta, December, 1951, from Programme of the CPI(M), 1964, pp. 59–60.

바가트 싱

28 Tariq Ali, *Bush in Babylon: The Recolonisation of Iraq*, LeftWord, New Delhi, 2006, pp. 7–13.

29 Mao Zedong, 'Strategic Problems of China's Revolutionary War', December 1936, in William J. Pomeroy (ed.), *Guerilla Warfare and Marxism*, International Publishers, New York, 1973, p. 182.(중국공산당 중앙문헌위원회 엮음·이희옥 역, 《모택동선집 1권》, 1989, pp. 139–140.)

30 P. Sundarayya, *Telangana People's Struggle and It's Lessons*, Ganashakti, Calcutta, 1972, p. 284.

31 Ibid., p. 163.

32 Ibid., p. 2.

33 Programme of the C.P.I. (M), para. 7.18, p. 45.

3장

1 *SWSBS*, p. 82.

2 Ibid., p. 101.

3 Ashok Dhawale, 'Shaheed Bhagat Singh', p. 73.

4 A. B. Bardhan, Bhagat Singh Pages from *the Life of A Martyr*, CPI, 2006, pp. 10–11.

5 S. Irfan Habib, *To Make the Deaf Hear, Three essays collective*, 2007, p. 77–78.

6 *SWSBS*, p. 92.

7 Ashok Dhawale, 'Shaheed Bhagat Singh', pp. 71–72.

8 Suneet Chopra, 'Bhagat Singh's Prison Notebook', Student Struggle, Vol. V, No. 7, March 1985, pp. 30–31.

9 *SWSBS*, p. 161.

10 Ibid., p. 171.

11 Karl Marx, 'Eighteenth Brumaire of Louis Bonaparte', *Selected Works of Karl Marx and Fredrick Engels*, Vol. 1, Progress Publishers. Moscow, 1973, p. 398.

12 'Why I am an Atheist', *SWSBS*; also reproduced in *The Jail Notebook and Other Writings*.

13 Bipan Chandra, Introduction to 'Why I am an Atheist', Shaheed Bhagat Singh Research Committee, New Delhi, 1979.

14 Prof. Didar Singh, '*Yug Purush Bhagat Shigh*', from Jagmohan Singh and Chaman Lal, *Bhagat Singh Aur unke Sathiyon ke Dastavez*, p. 339.

15 S. Irfan Habib, *To Make the Deaf Hear, Three essays collective*, p. 43–44.

16 http://www.sikhchic.com/our_heroes/the_final_days_of_sardar_bhagat_singh_shaheed(검색일: 2010년 4월), 옮긴이.

17 Ibid., p. 198.

18 'To Young Political Workers', *SWSBS*; also reproduced in *The Jail Notebook and Other Writings*.

19 Ibid. 옮긴이.

20 Ibid. 옮긴이.

21 Ibid. 옮긴이.

22 Ranadive, Foreword to *SWSBS*, pp. xvii–xvii.

23 'Introduction to *Dreamland*', *SWSBS*; also reproduced in *The Jail Notebook and Other Writings*.

24 Bhagat Singh, *The Jail Notebook and Other Writings*, compiled, with an Introduction by Chaman Lal, LeftWord, New Delhi, 2007.

25 'Message to Punjab Students' Conference', *SWSBS*; also reproduced in The Jail Notebook and Other Writings.

26 'Letter to Sukhdev', *SWSBS*; also reproduced in *The Jail Notebook and Other Writings*.

27 Julius Fuchik, Notes from the Gallows, People's Publishing House, Delhi, 1985, p. 13. (김태경 역, 《교수대로부터의 리포트》, 이론과 실천, 1986, p. 27.)

28 'Letter to B. K. Dutt', *SWSBS*; also reproduced in *The Jail Notebook and Other Writings*.

29 'Letter to Father', *SWSBS*; also reproduced in *The Jail Notebook and Other Writing*.

30 'No Hanging, Please Shoot Us', *SWSBS*; also reproduced in *The Jail Notebook and Other Writings*.

31 'Letter to the Second Lahore Conspiracy Case Convicts', *SWSBS*; also reproduced in *The Jail Notebook and Other Writings*.

32 Shiv Verma, Sansmritiyan, pp. 20-21.

33 'Why I am an Atheist', *SWSBS*; also reproduced in *The Jail Notebook and Other Writings*.

34 'Letter to Sukhdev', *SWSBS*; also reproduced in *The Jail Notebook and Other Writings*.

35 Shiv Verma, *Sansmritiyan*, pp. 14-15.

36 Ajoy Ghosh, 'Bhagat Song h and His Comrades', Bombay, 1945. Quoted by Niraja Rao, 'Bhagat Sing h and the Revolutionary Movement'.

37 *SWSBS*, p. 185.

38 *Young India*, 9 April 1925, quoted by S. Irfan Habib, 'The Congress and the Revolutionaries' in Kapil Kumar (ed.), *Congress and Classes*, Manohar, New Delhi, 1988, p. 108.

39 A. G. Noorani, *The Trial of Bhagat Singh: Politics of Justice*, OUP, New

Delhi, 2005, p. 77.

40 Jawaharlal Nehru in *Search Light* dated January 11, 1929, from S. Irfan Habib, 'The Congress and the Revolutionaries', p. 111.

41 Ibid., p. 110.

42 Ibid.

43 S. Irfan Habib, 'The Congress and the Revolutionaries', p. 120.

44 Debasish Roy, *Shaheed–E–Azam Bhagat Singh*, A Students' Pledge Publications, 2007, pp. 36–39. 옮긴이.

45 S. Irfan Habib, *To Make the Deaf Hear*, Three essays collective, p. 83, 2007. 옮긴이.

46 Ibid. 옮긴이.

47 Quoted by Ashok Dhawale, 'Shaheed Bhagat Singh', p. 74. B. T. Ranadive, Foreword to *SWSBS*.

4장

1 *Workers' Weekly*, November 3, 1,930, quoted by B. T. Ranadive, Foreword to *SWSBS*, pp. xvii–xviii.

2 Ibid., p. xviii.

3 Ibid., p. xviii.

4 Ibid., p. xvii.

5 SWSBS, p. 185.

6 Dipankar Bhattacharya, *'Bhagat Singh ki Prasingikta'*, *Rasbtriya Sahara*, September 28, 2006.

7 This, and subsequent quotations from the 'Platform' are from B. T. Ranadive, 'Role of the Communists in the Struggle for Independence', pp. 9–12.

부록

1 *SWSBS*, pp. 67–68; reproduced in Bhagat Singh, *The Jail Notebook and Other Writings*, compiled, with an Introduction by Chaman Lal, LeftWord, New Delhi, 2007.

인도 독립의 불꽃

바가트 싱

1판 1쇄 인쇄 2012년 6월 20일
1판 1쇄 발행 2012년 6월 20일

지은이 P.M.S. 그레왈
옮긴이 정호영
펴낸이 최준석
책임편집 정현주
디자인 우정아

펴낸 곳 한스컨텐츠㈜
주소 (우 121-894) 서울시 마포구 서교동 375-36 운복빌딩 3층
전화 02-322-7970 팩스 02-322-0058
출판신고번호 제313-2004-000096호 신고일자 2004년 4월 21일

ISBN 978-89-92008-52-5 (03300)

값 12,000원